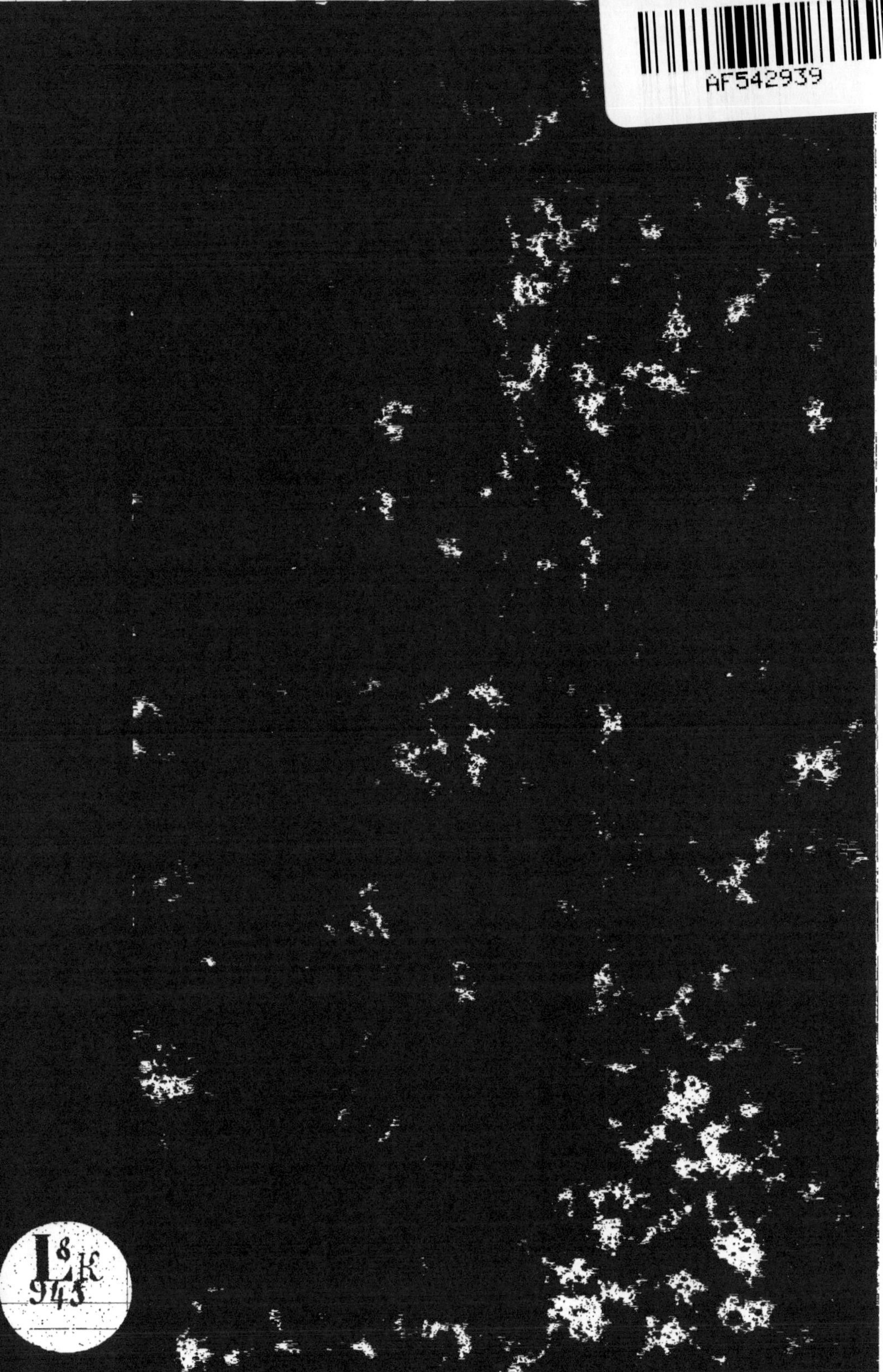

1er CONSEIL DE GUERRE DE CONSTANTINE.

DÉBATS

DE

L'AFFAIRE TRINQUAND

(ABANDON D'UN CONVOI DE VIVRES A L'ENNEMI)

REPRODUITE PAR

C. TAUPIAC

AVOCAT

Rédacteur en chef de l'*Indépendant* de Constantine

PRIX : 1 FRANC.

CONSTANTINE	PARIS
CHEZ L. MARLE, LIBRAIRE	CHEZ CHALLAMEL, LIBRAIRE
2, rue d'Aumale, 2.	30, rue des Boulangers, 30.

1871

Nos lecteurs se souviennent que vers le milieu du mois d'avril, les journaux de la province de Constantine ont parlé d'un officier attaché aux affaires arabes qui avait laissé tomber entre les mains des indigènes révoltés un convoi de vivres dont il avait la garde. L'autorité militaire contrainte par la publicité donnée à ce fait, a ordonné la mise en jugement de cet officier, et l'affaire a été appelée hier devant le 1er conseil de guerre séant à Constantine. Un public nombreux attendait longtemps à l'avance, l'ouverture des portes, et un certain nombre d'officiers avaient pris place dans l'enceinte réservée.

On lira tout-à-l'heure les débats *in extenso* de cette curieuse affaire qui a si vivement préoccupé l'opinion publique. Elle est à tous points de vue digne d'être soigneusement étudiée.

L'exposé des faits nous transporte dans cet étrange milieu de la guerre arabe ; guerre de pillages, de représailles sanglantes, et trop souvent, hélas ! guerre de ménagements pour l'ennemi, de mollesse dans l'exécution ; guerre dans laquelle on n'a pas toujours su se soustraire aux considérations d'une politique d'habileté et de finesses.

Les débats de l'affaire Trinquant font passer sous nos yeux, toutes les péripéties de ces attaques subites, où un ennemi qui semble sortir de terre, apparaît tout-à-coup sur les flancs ou sur les derrières de nos troupes, tire quelques coups de feu et disparaît subitement sans qu'on puisse retrouver sa trace ; nous voyons passer dans la plaine, au milieu d'un nuage de poussière, semblable au tourbillon soulevé par le vent du Sud, un groupé de cavaliers, regardez : Droits sur les étriers, burnous au vent, ils rendent les rênes à leurs chevaux et « suppriment l'espace. » Les canons de leurs longs fusils s'abaissent, la fusillade éclate, ils poussent leurs cris de guerre, et, plus rapides que la brise enflammée du désert, ils disparaissent à l'horizon.

Dans les jours de poudre, tous les buissons renferment un ennemi, chaque pli de terrain dissimule un groupe d'insurgés ; vous les poursuivez ? ils disparaissent ; vous reprenez votre chemin ? les voilà ; ne laissez pas de traînards, ils expieraient dans les plus affreuses tortures, leur paresse ou leur imprudence ; le soir, les étroits sentiers que fréquentent les caravanes seraient rouges de sang !

Les goums que vous croyez fidèles n'attendent que l'occasion de passer à l'ennemi; comptez sur eux si vous êtes les plus forts ; s'ils vous sentent plus faibles, ils feront volte-face. Voyez-vous ce caïd qui jure de se faire tuer à vos côtés ? Il vous dit que la France n'a pas de serviteur plus dévoué, qu'il la servira jusqu'à la fin de ses jours. Dans dix minutes, tandis que vous passerez un défilé et que vous aurez laissé votre allié en arrière-garde, il partira à fond de train, entraînant son goum derrière les collines prochaines ; heureux si, avant de partir, il ne décharge pas toutes ses armes sur vous !

Toutes ces péripéties de la guerre arabe se déroulent devant vous. Vous voyez ces longues files de mulets chargés de vivres ; leurs conducteurs indigènes sondent l'horizon de leurs regards perçants, ils aperçoivent au loin, sur les crêtes, les burnous blancs de l'ennemi ; ils vous les montrent en exagérant le nombre et la distance ; s'il survient le plus léger incident, ils profiteront de la bagarre pour fuir en emportant les biscuits du beylik.

Quelle histoire que celle de ce convoi, partant un soir de Sétif et tombant le lendemain au pouvoir de l'ennemi à Aïn-Tagrout ! Quels détails les débats nous font connaître ! Un officier, constamment en communication télégraphique avec ses supérieurs, campé autour d'un bordj fortifié, abandonne son convoi avant d'avoir essuyé la plus faible attaque. Prévenu que des secours lui arrivent, il se hâte de partir comme s'il redoutait que le secours annoncé arrivât trop tôt. D'autres officiers sont avec lui, il ne les consulte pas sur la conduite que dictent les circonstances. Il décide à lui seul qu'on va battre en retraite, et abandonne le convoi à l'ennemi qui attend dans l'expectative.

Au milieu de ces débats, on a du moins la consolation de voir une figure énergique, un officier qui a conseillé la résistance, un soldat qui a fait entendre la voix du devoir militaire. C'est un caractère sympathique que cet officier, vieille tête blanchie sous le harnais ; il date d'une époque où on ne livrait pas les convois sans coup-férir. Au milieu de ces arabisants, il fait l'effet d'un citoyen de Lacédémone égaré dans un de nos cafés-chantants !

La retraite était décidée, — on défonça les barils, soldats et colons se jetèrent sur les bouteilles d'eau-de-vie ; on se noya dans l'ivresse. — Où était celui que le devoir obligeait à réprimer ces excès ?

Spectacle étrange que celui de ces hommes qui, entourés d'ennemis, se saoûlent au point qu'on doit les transporter dans des fourgons !

1er Conseil de Guerre de Constantine.

Présidence de M. Berthauld Duchesne,

Colonel commandant la place de Constantine.

Ministère public : M. AUZIAS, commissaire du gouvernement.

Défenseur : Me GILLOTTE, avocat.

M. le Président vérifie, selon l'usage, l'identité du prévenu et donne l'ordre à M. le Greffier de faire l'appel des témoins.

M. le Greffier donne lecture de l'acte d'accusation.

RAPPORT

Sur l'affaire de M. TRINQUAND (Edmond-Nicolas-Denis), capitaine au 90e régiment d'infanterie de ligne, adjoint de 1re classe au bureau arabe de Sétif, — laquelle a fait l'objet de l'ordre d'informer donné par M. le général commandant la division, le 12 mai 1871.

Le 30 mars 1871, M. le capitaine Trinquand recevait de M. le colonel commandant la subdivision de Sétif, l'ordre d'aller s'installer à Aïn-Tagrout ; sa mission était d'assurer le service de la correspondance entre Sétif et la colonne opérant dans la Medjana, et de surveiller les goums.

M. le capitaine Trinquand se rendit à son poste, le lendemain, 31 mars, et, à son arrivée, s'assura de suite de la position et de l'emplacement qu'occupaient les différents goums, restés jusqu'alors fidèles, pour maintenir ses rapports entre Aïn-Tagrout et Bordj-bou-Arréridj, où était la colonne. Une compagnie d'infanterie fut laissée au bordj, le 1er avril, pour ce service.

La smala du caïd Abderraman ben Guendouz d'Aïn-Turk, était placée à El-Djouar, et y est restée jusqu'au 7 avril ; à cette date, elle s'est rapprochée d'Aïn-Tagrout, position qu'elle a occupée jusqu'au 17.

La smala du cheik des Ouled-Sidi-bou-Nab se trouvait placée près du caravansérail d'Aïn-Tagrout.

Les cédratas étaient campés sur la route d'Aïn-Tagrout à Sidi-M'bareh, au 44e kilomètre de la route de Sétif à Bordj-bou-Arréridj, près de l'Oued-Chair.

La smala du caïd Ahmed ben Abdallah, des Ayad, se trouvait à Sidi-M'barek, au 49e kilomètre. Et, enfin, celle du caïd Ben Abd Es Selem, des Ouled-Abdallah, à Aïn-Trab.

Ces diverses positions ayant été reconnues, M. le capitaine Trinquand s'étant aperçu que les goums étaient trop éloignés pour pouvoir compter sur leur appui, réclama, à la colonne, le cheik des Ouled-Sidi-bou-Nab qui vint le rejoindre, le 4 avril, avec quatre cavaliers seulement.

M. le capitaine Triquand proposa également de faire venir près d'Aïn-Tagrout la smala du caïd Abderahman ben Guendouz, dont la position à El-Djouar, loin de la route, était inutile. L'autorisation ayant été donnée, la smala se transporta dans sa nouvelle position, le 9 avril.

Le même jour, le caïd Ben Abd Es Selem, à Aïn-Trab, recevait l'ordre de se rendre au bordj de la Medjana, avec toute sa smala.

Le 13, deux convois isolés ayant été pillés à Aïn-Trab, il revint, avec les Ouled-ben-Abdallah, installer sa smala au Keneg-Enta-Sidi-M'barek ; Sidi-M'barek étant gardé par vingt cavaliers, après l'attaque des deux convois, et pour se conformer aux ordres contenus dans une dépêche télégraphique adressée par l'autorité militaire de Sétif, le 14 avril, à 2 h. 31' du soir, le capitaine Trinquand se rendit, le 15 avril, accompagné du spahis Larbi ben Ahmed, sur le lieu du crime, Aïn-Trab, pour y prendre des renseignements et rechercher un voiturier disparu.

Arrivé à la smala des Beni-Abdallah, il crut remarquer que ces indigènes devaient déjà avoir des idées de défection : le caïd Ahmed ben Mahmed, de cette tribu, n'alla pas le voir ; M. le capitaine Trinquand ayant voulu descendre chez le caïd Ben Illès, des Ouled-Nabet, apprit que ce chef était absent et se rendit alors à la tente du caïd Ben Abd Es Selem ; celui-ci monta immédiatement à cheval et accompagna le capitaine dans sa tournée à Aïn-Trab.

Après s'être assuré par lui-même des faits survenus le 13, le capitaine Trinquand revint à Aïn-Tagrout, et s'aperçut que le douar du cheik des Cédratas, qui avait été placé à l'Oued-Chair, pour garder un passage difficile, avait abandonné cette position pour aller se placer au-dessus d'Aïn-Selem-Aleikoum ; il intima immédiatement à ce cheik, l'ordre de reprendre la place qui lui avait été assignée, mais ses gens s'y refusèrent, craignant, disaient-ils, d'être enlevés. Pendant que le gros de la tribu s'établissait ainsi loin de la route, une vingtaine de tentes s'étaient installées près du col, entre Sidi-M'barek et l'Oued-Chair.

M. Trinquand était rentré à Aïn-Tagrout ; le spahis d'escorte lui fit part que pendant qu'il était descendu à la tente d'Illès ben Tenni, il avait eu une conversation avec un indigène de la tribu, dont il ignorait le nom, et qui lui avait dit que s'ils ne partaient pas de suite, le capitaine et lui seraient assassinés ; et, afin de ne pas donner l'éveil, le spahis ajouta qu'il n'avait pas cru devoir en rendre compte sur le champ au capitaine.

Le 16 avril, à neuf heures trente minutes du soir, une dépêche de la subdivision de Sétif annonçait à M. le capitaine Trinquand qu'il était parti, ce même jour, à onze heures et demie, un convoi de vivres et quatre prolonges, allant chercher des malades à Bordj, que ce convoi était escorté par vingt-cinq hussards, commandés par un officier, qu'il ne portait pas de munitions, et devait arriver le même jour à Aïn-Tagrout.

Le capitaine Trinquand, prévoyant que l'escorte rétrograderait sur Sétif, fit prévenir le caïd Ben Guendouz qu'il eût à accompagner le convoi, le lendemain matin, avec son goum, jusqu'à Bir-ben-Chaban (40e kilomètre), où il serait relevé par le caïd Ben Abd Es Selem, qui conduirait ensuite le convoi jusqu'à Bordj-bou-Arréridj.

M. Valette, interprète militaire, qui rejoignait la colonne, et M. Mariage, officier payeur des spahis, qui était venu à Sétif pour toucher la solde, avaient tous deux profité du convoi pour se rendre à leur poste.

Le 17 avril, à six heures du matin, le convoi partit d'Aïn-Tagrout, sous les ordres du capitaine Trinquand. Arrivé à Bir-ben-Chaban, il ne vit pas le goum de Ben Abd Es Selem, et reçut avis, par un muletier isolé, que ce caïd avait fait défection. Il aperçut ensuite les Cédratas qui levaient les tentes, ces mêmes indigènes qui la veille avaient montré tant de mauvais vouloir, lors de son passage. Il fit aussitôt arrêter et masser le convoi en haut de la descente de l'Oued-Chair, et partit lui-même en reconnaissance avec le goum de Ben Guendouz. Il était alors huit heures du matin ; M. Trinquand reçut une lettre d'Abdallah ben Abd Es Selem, frère du caïd, dans laquelle on l'informait que Si Mohamed ayant été la veille à la colonne, ne pouvait se trouver au rendez-vous assigné par le capitaine, qu'il n'était pas possible seul de faire passer le convoi, les goums des Madhids et des Ayad se trouvant sur la route, mais que le lendemain, 18, il prendrait l'escorte du convoi à Bir-ben-Chaban, pour le conduire à Bordj-bou-Arréridj.

M. le capitaine Trinquand donna alors l'ordre de rétrograder sur Aïn-Tagrout, malgré les instances du fils de Ben Guendouz et du cheik des Ouled-Sidi-bou-Nab, qui assuraient pouvoir faire passer le convoi et le conduire à Bordj ; il ne crut pas devoir les écouter et rentra au caravansérail d'Aïn-Tagrout ; les caisses et les sacs furent rangés en parc en avant de la porte du Bordj, des sentinelles furent placées pour en assurer la sécurité ; il fit monter deux spahis à cheval, leur remettant à chacun une lettre qui devait informer de ces faits M. le colonel Bonvalet. Il prévint également M. le colonel commandant la subdivision de Sétif de la décision qu'il avait prise.

Les deux spahis envoyés à M. le colonel Bonvalet, après avoir essayé de passer par Aïn-Hadjar et par la grande route, furent obligés de faire demi-tour, en présence des goums insurgés et revinrent à Aïn-Tagrout, quatre heures après leur départ.

Dans la journée du 17, le caïd Illès vint à Aïn-Tagrout avec tous ces cavaliers, et dit à M. le capitaine

Trinquand que le caïd des Ayad, Ahmed ben Abdallah, et celui des Ouled-Taïr, Ahmed ben Mohamed ben Abdallah, avaient fait défection; qu'après un court entretien qu'ils avaient eu avec le caïd Mohamed ben Abd Es Selem, revenant de la colonne, ils avaient emmené avec eux le chérif Ben Abderrahman, et rejoignaient leurs parents à Guemmour.

Le caïd Illès ajouta que le bach-agha en personne, les caïds Abdallah, des M'gueddem, et Lakhdar ben Abderrahman, des Beni-Yadel, se trouvaient avec eux, que même ces derniers avaient passé la nuit au Keneg-Enta-Sidi-M'barek.

Peu de temps après, les caïds Mohamed ben Abd Es Selem et Mohamed Sghir ben Cheik Saad faisaient abattre leurs tentes et se retiraient sur Ras-el-Oued. Le caïd Illès dit que ceux-ci l'avaient invité à venir avec eux, mais qu'il avaient refusé, disant qu'il voulait se replier sur Aïn-Tagrout. Le caïd Illès donnait à entendre qu'il n'avait pas voulu les suivre dans leur défection.

Le même soir, 17, le cheik des Ouled-bou-Nab, quittait Aïn-Tagrout, sans prévenir M. le capitaine Trinquand, et allait rejoindre Abd Es Selem.

Les défections ayant été connues, les ouvriers de la route, qui virent arriver le caïd Illès avec ses cavaliers, crurent à une attaque contre Aïn-Tagrout, s'empressèrent de déménager et remontèrent au bordj. Les gens de la smala du caïd Ben Guendouz abattirent leurs tentes et les chargèrent au plus vite : la panique était générale.

M. le capitaine Trinquand ayant reconnu les cavaliers de Ben Illès, monta à cheval avec M. l'interprète Valette, et, accompagné du caïd Illès, se rendit immédiatement chez Abderrahman ben Guendouz, pour lui demander ce que signifiait ce départ précipité; celui-ci répondit que ses gens avaient eu peur d'être attaqués ; que ce n'était qu'en les frappant qu'il avait pu jusqu'alors les empêcher de partir, mais que maintenant il répondait d'eux ; il fit, pour sa part, les plus belles protestations de dévouement. Cependant, trois heures plus tard, après la tombée de la nuit, il partait avec toute sa smala, vers les Ouled-Abdallah, sans avoir rien fait dire au capitaine.

A partir de ce moment, M. le capitaine Trinquand

se trouve en pays ennemi, les différents goums chargés d'assurer la sécurité de la route ayant fait défection, moins les cavaliers du caïd Illès, au nombre de soixante environ.

Il rend compte de sa position difficile à la subdivision de Sétif, par divers télégrammes, dans lesquels il dit qu'il n'a plus que quelques cavaliers, qui pourront au plus protéger les derrières du convoi, qui partira le 18, au point du jour ; il ajoute que s'il n'est ravitaillé en munitions, il pourra à peine tenir un jour.

Voici le texte de sa dépêche du 17, à 9 h. 50' du soir :

« Je ne suis plus sûr du goum du caïd Illès, car sans « lui, ses cavaliers montaient à cheval et abandon- « naient la position ; j'ai juste assez de cartouches « pour soutenir la retraite ; mieux vaut abandonner ce « poste, qui n'a plus aucune utilité, puisqu'il est coupé « en avant et en arrière, que de faire enlever inutile- « ment une compagnie. »

Le 18 au matin, vers six heures, 400 ou 450 cavaliers et 100 fantassins ennemi apparurent à 1,500 mètres environ du bordj. M. le capitaine Trinquand fit déployer en tirailleurs la compagnie d'infanterie, à 200 mètres environ du mur du caravansérail ; à la droite de cette compagnie, forte de soixante hommes, se trouvaient les cavaliers du caïd Illès, qui échangèrent quelques coups de feu avec l'ennemi, qui se retira enfin à la mosquée de Sidi-bou-Nab, une heure et demie après son apparition.

Quelques hommes du goum, qui n'étaient pas montés à cheval, avaient abattu leurs tentes, chargé les mulets, et étaient partis dans la direction des Ouled-Nabet. Les muletiers du convoi, voyant ce mouvement de retraite, étaient montés sur leurs bêtes, prêts à partir. M. le capitaine Trinquand fit monter les spahis à cheval, pour empêcher ce mouvement ; mais, pendant que la compagnie s'établissait en tirailleurs, dans la position qui lui avait été assignée, les muletiers partirent à travers champs, sans qu'il fut possible de les retenir, après avoir coupé leurs cordes, abandonné filets et tellis, et crevé un certain nombre de sacs ; un troupeau de bœufs et de moutons, destinés à la colonne, s'enfuit en même temps.

Dès l'apparition des cavaliers, le matin, on avait essayé de rentrer dans l'intérieur les caisses et les sacs, mais la cour, encombrée déjà par la garnison, les cantiniers et les quatre prolonges, n'a pu en contenir qu'une faible partie.

M. le capitaine Trinquand avait informé la subdivision à Sétif de ce qui se passait à Aïn-Tagrout, par la dépêche télégraphique ci-après :

« 6 h. 30' du matin.

« Un groupe de 400 cavaliers environ arrive autour « du bordj, pour attaquer le convoi. Les muletiers ont « eu une panique et se sont repliés sur Sétif, abandon- « nant le convoi. Le coup de feu est commencé. Il ne « me reste plus que les soixante fantassins, une quin- « zaine de spahis et le petit goum du caïd Illès. »

Aussitôt la subdivision répondait par la même voie :

« 7 h. 40' du matin.

(Dépêche parvenue à Bordj à 7 h. 49'.)

« Tenez ferme. La compagnie de zouaves et vingt- « cinq hussards, vous portant des cartouches, sont « partis ce matin à six heures un quart. Le maire réu- « nit le goum pour le faire partir le plus tôt possible, « avec quatre spahis. Si vous croyez que vous ne « puissiez pas continuer à occuper votre poste, ren- « trez à Sétif ; mais je ne puis vous donner l'ordre de « l'abandonner. C'est à vous à juger de la position. »

Pour remplir la mission qui lui avait été confiée, M. le capitaine Trinquand avait compté sur la fidélité des goums échelonnés d'Aïn-Tagrout à Bordj-bou-Arréridj, mais ceux-ci ayant tous fait défection, à l'exception de ceux du caïd Illès, qui eux-mêmes sont aussi insoumis aujourd'hui, y compris leur chef, la mission était impossible et la position de l'officier très-critique.

Ayant la responsabilité d'un convoi de vivres, qu'il ne pouvait plus faire transporter à Sétif, puisque les muletiers, dès le matin, s'étaient enfuis, M. Trinquand crut, en présence des forces ennemies qui allaient lui être opposées, qu'il ne pourrait même pas résister pendant la journée du 18, au caravansérail, en mauvais état de défense, et prit la résolution d'abandonner le bordj. Il en informa sur le champ la subdivision, par le télégramme suivant :

« 8 h. 5' du matin.

« Les goums venus ce matin étaient commandés par « le bach-agha ; ils viennent de se replier sur Sidi-« bou-Nab. Impossible de communiquer avec la co-« lonne. Je donne l'ordre de se replier ; la position « n'est plus tenable. Les vivres devront être aban-« donnés, tous les mulets étant partis, sans qu'il ait « été possible de les retenir. »

Vers huit heures et demie, M. le capitaine Trinquand donna l'ordre à M. le capitaine Chichet, commandant la compagnie du 78e de marche, de faire préparer ses hommes pour le départ, qui aurait lieu à dix heures, pour rentrer à Sétif. M. Chichet parut étonné, et une heure après, en déjeûnant, adressa à ce sujet quelques observations à M. Trinquand, qui répondit que le pays était complètement en insurrection, et que sa compagnie courait risque d'être massacrée sans aucune utilité, puisqu'elle serait impuissante à défendre le convoi.

A dix heures, les prolonges du train étant chargées de bagages, effets et cantines appartenant aux officiers stationnés à Aïn-Tagrout, et aux employés du télégraphe, des sacs des hommes du 78e et d'autres effets appartenant à la compagnie, la petite colonne se mit en marche pour la retraite et arriva, vers midi et demi, sans avoir rencontré ni vu l'ennemi, au moulin Saint-Rham, à dix kilomètres d'Aïn-Tagrout, où elle fit la grande halte.

Au moment où elle allait se remettre en marche pour Sétif, arrivèrent la compagnie de zouaves et un peloton de 25 hussards, sous le commandement de M. Bouché, capitaine aux zouaves, et qui avait fait réunir dans sa route, de Sétif au moulin Saint-Rham, près de 280 à 300 mulets, pour ramener le convoi en lieu sûr, les réponses des muletiers dispersés lui ayant paru suspectes.

M. le capitaine Bouché, très-surpris de rencontrer là le détachement qu'il allait renforcer, proposa à M. Trinquand de marcher de suite avec les détachements réunis sur Aïn-Tagrout, réoccuper le bordj et sauver au moins une grande partie du convoi. M. Trinquand répondit nettement que le convoi à cette heure était complètement pillé par les Arabes, et le bordj brûlé ou occupé par eux. M. Bouché insista, mais sans aucun succès; il obtint seulement le commandement de l'arrière-garde jusqu'à Sétif.

Nous avons fait demander aux officiers qui se trouvaient à Aïn-Tagrout avant l'évacuation, leur avis sur l'état dans lequel était le bordj, au point de vue de la défense, et voici ce qu'ils nous ont répondu.

M. Chichet, capitaine commandant la compagnie d'infanterie, croit que le bordj était défendable, au moins pour la journée du 18; quant au convoi, il affirme qu'il aurait pu en assurer la sécurité, dans le cas où il n'aurait pas été attaqué par des forces supérieures aux contingents venus le matin du 18.

M. Mariage, lieutenant de spahis, dit n'avoir pas été consulté, mais qu'on n'aurait pu, dans le cas d'une attaque, tenir toute la journée du 18, parce que les hommes, au nombre d'environ soixante, n'avaient chacun que quatre-vingt-dix cartouches. Il aurait désiré qu'avant d'évacuer le poste, on eût été attaqué et fait le coup de feu; il pense que la défense pouvait être de trois ou quatre heures.

M. l'interprète Valette, qui a suivi M. le capitaine Trinquand depuis le 17 au matin, a approuvé intérieurement l'ordre d'évacuation donné par le capitaine et croit encore maintenant qu'il a bien fait d'agir ainsi, et que la défense était presque impossible même pour la seule journée du 18 ; le caïd Illès ne cessait de répéter que des contingents se réunissaient et que la retraite serait impossible le soir ou le lendemain.

D'après le dire du capitaine Chichet, il n'existait pas de brèches aux murs du caravansérail, mais presque tous les créneaux étaient trop larges et auraient eu besoin d'être refaits ; le temps n'a pas manqué pour exécuter ce travail, mais les matériaux faisaient complètement défaut. M. Trinquand avait, à ce sujet, adressé un rapport à Sétif ; un capitaine du génie, se rendant à Bordj-bou-Arréridj, avait visité le caravansérail, et avait promis de faire envoyer des matériaux, qui ne sont jamais parvenus à Aïn-Tagrout.

La longueur et la largeur du caravansérail d'Aïn-Tagrout sont de 37 mètres, comptés sur les murs d'enceinte ; les murs de chaque bastion ont 11 mètres de développement : le développement des murs est donc de 192 mètres. Il eût été impossible, par conséquent, à M. Trinquand de faire rentrer, en cas d'attaque, le convoi de vivres dans l'intérieur du caravansérail, encombré par la garnison, les ouvriers qui étaient venus s'y réfugier, les cantiniers et les prolonges du train.

Il ne nous reste donc plus qu'à examiner le mobile qui a fait agir M. le capitaine Trinquand, dans sa détermination d'abandonner le bordj d'Aïn-Tagrout, et pour cela, nous allons, en peu de mots, rappeler les derniers événements.

Le soir du 17 avril, M. Trinquand avait déjà résolu l'abandon du bordj ; nous en avons la déclaration par la dépêche qu'il adresse à Sétif à la subdivision, à neuf heures cinquante minutes du soir. Il reçoit de la subdivision avis de l'arrivée d'une compagnie de zouaves et des munitions ; on l'engage à tenir ferme, et néanmoins il persiste dans son idée d'évacuation. Une demi-heure après, il donne l'ordre du départ ; et cependant, l'ennemi, qu'il avait eu en sa présence depuis six heures du matin jusqu'à sept heures et demie, avait disparu.

Si M. le capitaine Trinquand a pensé bien faire en abandonnant le bordj, il lui a fallu avoir des renseignements précis sur les forces qui pouvaient l'attaquer, attendu que si nous consultons l'opinion des officiers qui étaient alors présents, c'est-à-dire MM. Chichet et Mariage, nous apprenons qu'on pouvait se défendre au moins quatre heures ; donc, puisque le bordj n'a été évacué qu'à dix heures, la compagnie de zouaves, avec les vingt-cinq hussards, serait venue renforcer le détachement vers deux heures et demie, trois heures, et apporter des munitions. Et, en admettant qu'avec ce renfort on ne puisse tenir, les communications n'étaient pas complètement coupées, puisque les dépêches circulaient à 8 h. 5', que la compagnie de zouaves n'a pas été attaquée, et que les deux détachements réunis sont rentrés à Sétif sans avoir été inquiétés.

Nous croyons donc que M. Trinquand s'est décidé à évacuer le bordj, d'après les conseils de son entourage, et, malgré sa déclaration, le caïd Illès et M. l'interprète Valette ont dû être d'un grand poids dans la conduite qu'il a tenue ; nous dirons même que si M. Valette n'avoue pas ce que nous pensons, il ne nie pas non plus avoir donné son avis sur la situation politique du pays; il dit seulement ne pas se rappeler. Il y a donc eu une influence sérieuse sur l'esprit de M. le capitaine Trinquand, et nous regrettons qu'il ait pris ce parti, car il y avait plus de dangers à courir dans une retraite que dans une résistance énergique, malgré la faiblesse du point d'appui dont il disposait.

Nous regrettons aussi de n'avoir pu faire entendre le caïd Illès, qui est aujourd'hui insoumis, et qui a dû jouer deux rôles dans cette affaire; il a trompé jusqu'au dernier moment M. le capitaine Trinquand, dont la conduite comme soldat est mise hors de cause par ses antécédents.

Dans l'évacuation et l'abandon du convoi de vivres, M. le capitaine Trinquand n'a pas agi avec l'expérience voulue; il était sous l'influence de sa fâcheuse position; il a négligé d'assurer, par tous les moyens possibles, la sécurité du convoi, soit en le dirigeant sur Sétif, dès le matin, soit en le défendant énergiquement, en cas d'attaque, jusqu'à l'arrivée de la compagnie de zouaves et des vingt-cinq hussards qui lui étaient annoncés; nous avons la conviction que jamais l'idée de livrer le convoi d'approvisionnements à l'ennemi n'est entrée dans la pensée de M. Trinquand.

Les circonstances difficiles et exceptionnelles dans lesquelles s'est trouvé cet officier, isolé au milieu d'une grande insurrection par la défection de diverses tribus, lui ont fait prendre une fâcheuse résolution; il n'a pas su de quel côté se trouvait le devoir, et a commis un acte tout au moins répréhensible, que le conseil, dans sa sagesse, appréciera.

Pour ne pas retarder indéfiniment l'expédition de cette affaire, nous avons demandé à Alger, au bureau politique (section des affaires indigènes), le rapport du caïd Illès, pour être joint aux pièces de la procédure, et jeter quelques lumières dans l'esprit des juges.

En conséquence,

Nous estimons qu'il y a lieu de demander à M. le général commandant la division un ordre de mise en jugement contre M. Trinquand (Edmond-Nicolas-Denis), capitaine au 90e régiment d'infanterie, adjoint de 1re classe au bureau arabe de Sétif, pour avoir livré à l'ennemi les approvisionnements de l'armée ;

Crime prévu par l'article 205 du code de justice militaire.

Constantine, le 10 juillet 1871.

Le substitut du rapporteur,
A. BORDEAUX.

Après la lecture de l'acte d'accusation, M. le commissaire de la République formule ses réquisitions et demande l'application de l'article 205 du Code de justice militaire.

Lecture est ensuite donnée d'un ordre signé Bonvalet et d'une lettre du général Saussier au commandant de la subdivision de Sétif. On procède à l'interrogatoire de l'accusé.

M. LE PRÉSIDENT, — Dites-nous votre nom, votre âge, votre profession ?

L'ACCUSÉ. — Je m'appelle Trinquant, capitaine adjoint au bureau arabe de Sétif.

M. LE PRÉSIDENT. — Vous êtes arrivé à Aïn-Taghrout le 30 mars ?

L'ACCUSÉ. — Oui, monsieur le président.

M. LE PRÉSIDENT. — Quelles instructions aviez-vous reçues ?

L'ACCUSÉ. — Je n'avais pas reçu d'autres instructions que celles contenues dans la lettre de M. Bonvalet. Plus tard le même officier m'a transmis de nouvelles instructions relativement à l'emplacement que devaient occuper les goums.

M. LE PRÉSIDENT. — Quand vous êtes arrivé à Aïn-Taghrout, quelles dispositions avez vous prises ?

L'ACCUSÉ. — Je suis arrivé à Aïn-Taghrout avec 2 spahis ; en route, j'ai rencontré le 78e régiment de marche et deux escadrons de cavalerie.

M. LE PRÉSIDENT. — Veuillez nous dire comment était défendu le poste de Bordj-bou-Arréridj ?

L'ACCUSÉ. — Il était défendu par le colonel Bonvalet

et sa colonne, et plus loin se trouvait le général Saussier.

D. — Quel est l'officier qui à cette époque commandait la place de Sétif?

R. — C'était M. le lieutenant-colonel de la garde nationale mobilisée.

D. — Quel jour le général Sausssier est-il passé à Aïn-Taghrout ?

R. — Le 31 mars.

D. — Le général Saussier avait, si je ne me trompe, l'ordre de vous laisser un détachement du 78e de marche ?

R. — Oui, M. le président, il a mis à ma disposition 60 hommes.

D. — Le général Saussier a-t-il visité le caravansérail ?

R. — Oui, il a constaté que cet établissement ne pouvait pas résister à une attaque sérieuse.

D. — Vous vous êtes enquis à l'avance de la position des goums espacés sur la route ?

R. — Certainement; j'ai même vu un poste de 10 cavaliers à Bel-Kheir, puis j'ai donné ordre au caïd Ben Guendouz de se porter avec sa smala à 1 kilomètre au devant du bordj. Au sud du caravansérail se trouvaient quelques tentes des Ouled-bou-Nab.

Lorsque la colonne est partie, j'ai établi dans la vallée de l'Oued-Chaïr les tentes des Cedrata ; à Sidi-Embarek, il y avait une dizaine de tentes de Ben-Abdallah.

D. — Quelles étaient les forces des contingents nos alliés ?

R. — Ben Guendouz avait sous ses ordres 60 cavaliers; les Ouled-bou-Nab 10 cavaliers; les Cedrata comptaient 45 tentes pouvant fournir plus de fantassins que de cavaliers; Mohamed ben Abd El Salem six ou sept cents cavaliers et un certain nombre de fantassins.

D. — Vous êtes resté dans cette situation jusqu'au 13 ?

R. — Le 9, le caïd Mohamed ben Abd El Salem se transporta à la Medjana; du 9 au 13, la route était encore assurée; les voitures publiques circulaient sous l'escorte de quelques spahis et les colons voyageaient sans être inquiétés. Mais le 13, la situation changea;

deux convois furent attaqués à Aïn-Trab ; un homme de chaque convoi fut tué. A la nouvelle de cet évènement j'écrivis à M. Bonvalet. Les Cedrata refusèrent de porter mes dépêches ; c'est un spahis qui remit ma lettre à sa destination.

Me GILLOTTE. — En même temps que M. le capitaine Trinquand prévenait le colonel Bonvalet il correspondait aussi avec la subdivision de Sétif.

L'ACCUSÉ. — C'est vrai.

M. LE PRÉSIDENT. — Continuez votre déposition.

L'ACCUSÉ. — Le 15, je suis allé faire une instruction préparatoire à l'occasion du crime qui avait été commis le 13. J'entrai sous la tente de Ben Abd El Selem ; je lui exposai le but de mon voyage ; cet indigéne monta à cheval, me suivit dans toutes mes investigations et m'accompagna jusqu'à Aïn-Trab.

D. — Dans les entretiens que vous avez eu avec Abd El Selem, n'avez-vous jamais surpris quelque chose d'hostile sur la physionomie de cet indigène ?

R. — Non, monsieur le président, il paraissait au contraire très dévoué à notre cause.

D. — Le pays était-il évacué ?

R. — Oui, complètement.

D. — Vous êtes rentré le 15 ?

R. — Oui. Le 16, un convoi de 7 ou 800 mulets, venant de Sétif, arriva à Aïn-Taghrout. Le convoi devait continuer sa route le lendemain sur Bordj-bou-Arréridj. Le caïd Abderahman ben Guendouz avait pour mission d'escorter le convoi jusqu'à Bir-Chabat et le confier ensuite à un autre caïd ; le lendemain, un cavalier accourut en disant qu'Abd el Selem venait de faire défection. Je me portai immédiatement sur les hauteursvoisines et je ne vis pas venir le goum de Beu Selem.

D. — Les goums de Ben Guendouz ne vous ont-ils pas engagé à poursuivre votre route ?

R. — Oui, mais la situation était très-critique et la défectiondeBen Selem m'inspirait de vives inquiétudes. Le lendemain, le caïd Ben Illès arriva avec ses cavaliers. En voyant arriver ce goum, qu'ils prenaient pour un goum des insurgés, 20 ou 25 ouvriersse réfugièrent dans le bordj. J'envoyai un spahis en reconnaissance ; il revint en me disant que c'était le goum de Ben Illès. Ce caïd m'onnonça que Ben Abdallah venait de faire défection. Aussi, le 17, nous avons appris que tout le pays avait fait défection et qu'il ne restait plus qu'un seul caïd fidèle, Ben Illès.

J'ai su par lui que le frère du bach-agha avait passé la nuit chez les Beni Abdallah. Dans ces conditions il ne m'était pas possible de faire avancer le convoi. Le 17 au matin, la situation devint encore plus grave. Les Ouled-bou-Nab ainsi que le caïd Ben Guendouz passèrent à l'ennemi.

D. — Ainsi, à la tombée de la nuit, vous vous êtes trouvé seul avec le goum de Ben Illès et un peloton de 10 spahis ?

R. — Oui.

D. — Le caïd Ben Illès ne s'est-il jamais absenté du caravansérail ?

R. — Non, jamais.

D. — Est-il à votre connaissance que le caïd Ben Illès ait envoyé un émissaire chez le frère du bach-agha?

R. — Je n'en ai pas connaissance.

D. — En a-t-il reçu ?

R. — Je l'ignore. A ma connaissance il n'a existé entre eux aucune communication.

La nuit s'est passée tranquillement et rien ne faisait soupçonner l'attaque du lendemain.

D. — N'auriez-vous pas pu renfermer le convoi dans le caravansérail ?

R. — C'était matériellement impossible. La cour était occupée par les voitures des colons et les bagages des ouvriers des Ponts et Chaussées ; ma compagnie occupait les chambres du caravansérail.

D. — Pourquoi n'auriez-vous pas renfermé le convoi dans les chambres du caravansérail ?

R. — C'était matériellement impossible.

D. — A quelle heure vous a-t-on signalé la présence des cavaliers ennemis ?

R. — 6 heures et quart. Ces cavaliers se montraient sur la route de Bordj-bou-Arréridj ; j'ai fait aussitôt monter à cheval le caïd Ben Illès qui à son retour confirma cette nouvelle.

D. — Quelles précautions avez-vous prises quand l'ennemi a été signalé ?

R. — J'ai déployé ma compagnie en tirailleurs pour protéger le convoi ; et pendant que le caïd se portait en avant, le brigadier de spahis, suivi de son peloton, surveillait la route. Tout-à-coup, les cavaliers ennemis exécutent un mouvement vers nous ; aussitôt, une panique se répand parmi les muletiers qui prennent la fuite dans toutes les directions en abandonnant les caisses de biscuit.

D. — N'avez-vous pas pu prendre d'autres précautions pour empêcher la fuite des muletiers ?

R. — Avec le peu de monde dont je disposais, il m'était impossible de parer à toutes les éventualités. Les contingents ennemis sont restés une heure et demie en vue ; les cavaliers de Ben Illês ont échangé quelques coups de feu avec les insurgés.

D. — Dites-nous vos impressions en ce moment; à quoi attribuiez-vous le départ des insurgés ?

R. — J'ai pensé qu'ils étaient partis pour aller chercher du renfort et qu'ils reviendraient dans la journée pour prendre le convoi.

D. — Les ennemis avaient-ils l'intention d'attaquer le convoi ?

R. — Je le crois ; les insurgés s'étaient portés sur notre droite et se disposaient à cerner les muletiers.

D. — Avez-vous instruit par le télégraphe la subdivision de Sétif ?

R. — Oui. J'ai annoncé la dispersion des muletiers survenue à la suite d'une panique.

Dans sa réponse, la subdivision de Sétif m'annonçait l'arrivée d'un renfort composé d'un peleton de hussards et d'une compagnie de zouaves. Cette dépèche ne parlait pas d'un envoi de mulets, ne voyant aucun moyen de sauver le convoi, je pris le parti de rétrograder pour sauver les colons et mes hommes. Je manquais de munitions et n'avais à donner à chacun de mes hommes que 90 cartouches. J'étais d'autant plus décidé à partir, que la veille, une dépêche m'annonçait que la compagnie de zouaves venant de Sétif ne devait pas stationner à Aïn-Tagrout, mais retourner sur ses pas le lendemain même.

D. — Sachant que les zouaves arrivaient et vous portaient des munitions, vous auriez dû vous sentir rassuré, et il me semble qu'il était naturel d'attendre l'arrivée de ce renfort ?

R. — Il était non moins naturel de sauver ma compagnie, les femmes et les enfants des colons confiés à ma garde.

D. — Les mulets, en fuyant, ont pris la route de Sétif. Or, il était facile de croire que la compagnie de zouaves rallierait ces animaux et les reconduirait à Aïn-Tagrout ?

R. — Pardon, M. le Président, ces mulets n'ont pas pris la route de Sétif, ils se sont dispersés sur le territoire des Ouled-Nabet.

D. — Avez-vous pris seul la détermination de revenir sur vos pas ?

R. — Oui, ce n'est que plus tard que M. Chichet m'a fait des observations ; il m'a engagé à résister. J'ai répondu que la situation n'était pas tenable, que le caravansérail était indéfendable et que nous avions des colons à sauver.

Le caïd Illès, à son tour, m'a fait entrevoir la possibilité d'être attaqué par des forces supérieures et m'a engagé à partir.

D. — Le capitaine Chichet ne vous a-t-il pas dit d'attendre l'arrivée de la compagnie ?

R. — Il était inutile d'attendre, je n'avais pas de forces suffisantes pour résister à une attaque.

D. — Quels sont les objets que vous avez chargés sur les quatre prolonges ?

R. — Les prolonges portaient les appareils télégraphiques, les bagages des officiers, ceux de la compagnie, les vêtements des colons et divers objets appartenant aux cantiniers.

D. — A quelle heure êtes-vous arrivé au moulin Saint-Rhames ?

R. — A midi.

D. — N'avez-vous pas vu des insurgés pendant la marche ?

R. — Non. M. le Président.

D. — Quelle distance y a-t-il de Sétif au moulin Saint-Rhames ?

R. — 24 kilomètres.

D. — A quelle heure la compagnie est-elle arrivée au moulin Saint-Rhames ?

R. — A une heure et demie.

D. — Vous n'avez pas eu la pensée de laisser derrière vous un cavalier pour observer ce qui se passait au bordj d'Aïn-Tagrout ?

R.— Non.

D.— Ainsi, vous aviez renoncé à l'espoir de retourner au caravansérail ?

R.— Oui, je n'avais plus de mulets.

D.— Parlez-nous de votre entrevue avec le capitaine Boucher?

R. — Le capitaine Boucher me dit : « Comment, vous avez quitté le caravansérail? »

Oui, ai-je répondu, car nos goums ont fait défection et nos mulets ont pris la fuite ; de plus, nous avons des colons à protéger. Le capitaine Boucher me dit alors : « J'ai rallié 250 mulets, dispersés sur la route, et je vous propose de retourner à Aïn-Tagrout. » Je lui fis observer que si les colons retournaient seuls, sans escorte, à Sétif, ils couraient risque d'être enlevés par les ennemis.

D. — Mais il n'eût pas été impossible de ramener avec vous ces colons à Aïn-Tagrout?

R. — Pardon, M. le président; en revenant à Aïn-Tagrout, nous devenions assiégeants d'assiégés, car je savais par un cavalier des Ouled-Nabet que le caravansérail venait d'être occupé par l'ennemi.

D.— D'où venait ce cavalier?

R.— Il faisait partie du goum de ben Illès?

D. — Il a dû nécessairement rester en arrière pour être témoin de l'occupation du bordj?

R.— Je n'en sais rien.

D.— Jusqu'à quel endroit le caïd ben Illès vous a-t-il accompagné dans votre retour?

R.— Jusqu'au seizième kilomètre de Sétif.

D. — Le caïd Illès a-t-il connu les propositions du capitaine Boucher?

R.— Non.

D. — Avez-vous pu compter le nombre des mulets amenés par le capitaine Boucher?

R.— Ils étaient environ 200.

M. LE DÉFENSEUR. — Il y a une autre considération à envisager : Quel était l'état de vos hommes?

R.— Les hommes avaient défoncé les barriques des cantiniers, ils étaient ivres, ainsi que les colons. Un de ces derniers a voulu tirer un coup de fusil sur un de ses camarades ; heureusement, la capsule seule est partie.

D. — Vous avez commis une faute en laissant vos hommes se griser; le devoir du chef est d'empêcher ces excès. A votre arrivée à Sétif, avez-vous rendu compte au commandant de place?

R. — Oui, il ne m'a fait aucune observation en ce moment, mais le lendemain, j'ai reçu ordre de faire un rapport. Quelques jours après, j'ai rejoint la colonne Saussier.

D. — A quelle date vous a-t-on fait des reproches sur votre conduite?

R.— Dans le mois de mai seulement.

D.— Comment expliquez-vous le silence de vos supérieurs à votre égard, et à quelle cause attribuez-vous leurs reproches tardifs?

R.— Aux excitations des journaux qui ont cru devoir m'attaquer avec violence, et notamment aux articles de l'*Union de Sétif*.

INTERROGATOIRE DES TÉMOINS.

Le capitaine Chichet étant décédé pendant le cours de l'instruction, M. le président ordonne la lecture de sa déposition écrite.

Déposition de M. le capitaine Chichet.

La détachement dont j'avais le commandement présentait un effectif de 60 hommes. On pouvait leur adjoindre pour la défense du bordj 20 hommes armés environ, tant soldats du train que cantiniers et ordonnances.

Lorsque mon régiment est passé à Aïn-Tagrout, le 1er avril dernier, pour se rendre à Bordj-bou-Arréridj avec le général Saussier, ma compagnie a été désignée, comme tour de détachement, pour occuper le bordj. Je n'ai reçu aucune instruction particulière.

Au point de vue de la défense, le caravansérail d'Aïn-Tagrout avait besoin de réparations. Le capitaine Trinquand avait adressé à Sétif un rapport à ce sujet. Un capitaine du génie visita le caravansérail avec lui : malgré les promesses faites à M. Trinquand, on ne lui a jamais envoyé les matériaux nécessaires.

Il n'existait pas de brèches aux murs du bordj, mais presque tous les créneaux étaient trop larges et auraient eu besoin d'être refaits : le temps n'a pas manqué pour ce travail, mais les matériaux ont fait complètement défaut.

Le 17 avril dernier, le convoi destiné au ravitaillement de Bordj-bou-Arreridj, s'est mis en route vers 6 heures du matin, sous la direction de M. le capitaine Trinquand. Il est revenu à 10 heures, n'ayant pu passer à l'Oued-Chair.

Les mulets ont été immédiatement déchargés ; les caisses et sacs ont été rangés en parcs, en avant de la porte du bordj, comme d'habitude. et ma compagnie a fourni les sentinelles pour en assurer la sécurité.

Les marchandises n'ont pas été rentrées dans l'intérieur du bordj dans la journée du 17. Le lendemain matin, quand les contingents arabes ont inspiré des craintes sérieuses, on a essayé de rentrer dans l'intérieur les caisses et sacs, mais la cour, qui était déjà très-encombrée par la garnison, les cantiniers et les quatre prolonges, n'a pu en contenir qu'une faible partie.

Le 18 au matin, vers 6 heures, une partie de 300 cavaliers et 100 fantassins apparut à l'ouest du caravansérail à la distance d'environ 1,500 mètres. J'ai fait sortir ma compagnie et je l'ai déployée en tirailleurs à 200 mètres du mur du caravansérail ; à ma droite se trouvaient les cavaliers du caïd Illès. Ces derniers ont échangé quelques coups de feu avec l'ennemi, qui a battu en retraite après être resté en face de nous une heure et demie environ.

Je ne suis rentré au bordj avec ma compagnie qu'une heure après, quand l'ennemi était complètement hors de vue.

Le 18, à 8 heures et demie du matin, comme je me trouvais dans ma chambre, après l'alerte de la matinée, M. Trinquand est venu me trouver, et, sans me consulter, m'a dit que nous partirions à 10 heures pour rentrer à Sétif.

En recevant cet ordre j'ai été très étonné, et M. Trinquand, auquel j'ai adressé des observations une heure après, pendant le déjeuner, m'a répondu que le pays était complètement en insurrection, et que ma compagnie courait risque d'être massacrée sans aucune utilité, puisqu'elle serait impuissante à défendre le convoi.

A mon avis, le bordj était défendable, dans tous les cas, au moins pour la journée du 18 ; quant au convoi, j'aurais certainement pu en assurer la sécurité, si je n'avais pas été attaqué par des forces plus considérables que les contingents venus le matin.

Je pense que nous aurions pu, avec la compagnie de zouaves, retourner de la grand'halte au caravansérail d'Aïn-Tagrout, mais comme j'ignore si le convoi n'était pas déjà pillé, je ne puis assurer que cette marche l'aurait sauvé.

Je n'ai jamais entendu dire que le capitaine Trinquant ait eu, le matin de l'évacuation, des pourparlers avec le bach-agha, par l'entremise du caïd Illès.

M. LE PRÉSIDENT. — Avez-vous quelque chose à dire à cette déposition ?

L'ACCUSÉ. — Non M. le président.

M Dutertre, sous-lieutenant, âgé de 30 ans, né à Paris
2e témoin.

M. LE PRÉSIDENT. — Dites-nous ce que vous savez relativement à cette affaire ?

LE TÉMOIN. — J'ai été désigné par le commandant Lanubit pour aller avec mon peloton à Aïn-Tagrout ; arrivé au moulin Saint-Rham, j'ai rencontré la colonne Trinquand.

D. — Avez-vous insistez pour retourner à Aïn-Tagrout ?

R. — Non, M. le président.

D. — Avez-vous entendu la conversation qui a eu lieu entre le capitaine Bouchet et le capitaine Trinquant ?

R. Non, M. le président, j'étais trop loin de ces messieurs.

D. — Avez-vous rallié des mulets sur votre route?

R. — Oui, à quatre kilomètres environ de la ville, nous avons rencontré des muletiers fuyant à droite et à gauche de la route. J'ai aussitôt lancé mon peloton en tirailleurs, et mes hommes ont réussi à ramener prés de 300 convoyeurs.

D. — En venant de Sétif, avez-vous rencontré sur votre route des contingents ennemis ?

R. — Oui, à partir du 17e kilomètre jusqu'au moulin Saint-Rham, nous avons aperçu de loin des cavaliers qui galopaient sur nos flancs.

D. — Quelle direction suivaient les cavaliers?

R. — Ils paraissaient se diriger du côté du caravansérail.

LE DÉFENSEUR. — Le capitaine Bouchet n'a-t-il pas prévenu le commandant Lanubit qu'il avait rallié des mulets.

LE TÉMOIN. — Oui, un spahis a porté cette nouvelle au commandant qui nous a répondu de recueillir tous les mulets que nous rencontrerions. Nous avons rencontré sur la route de nombreux colons qui paraissaient très effrayés. Ils disaient que tout était perdu. J'ai remarqué qu'ils étaient armés de fusils à piston, ancien modèle.

LE DÉFENSEUR. — Ces colons paraissaient-ils surexcités par la boisson?

LE TÉMOIN. — Non, je crois qu'ils auraient été en état de nous donner un coup de main.

LE DÉFENSEUR. — Le capitaine Bouchet a-t-il insisté auprès de M. Trinquand pour revenir à Aïn-Tagrout ?

LE TÉMOIN. — Le capitaine Bouchet n'a jamais eu l'idée de rétrograder. J'ai oublié de dire que pendant notre marche nous avons pris toutes les précautions nécessaires ; j'ai placé des grand'gardes et des postes d'observation.

LE DÉFENSEUR. — La compagnie de zouaves et le peloton de hussards devaient-ils rester à Aïn-Tagrout ?

LE TÉMOIN. — M. Bouchet et moi avions reçu l'ordre de porter des munitions à Aïn-Tagrout et de retourner le lendemain à Sétif.

LE DÉFENSEUR. — Je ferai observer à messieurs du conseil que j'ai dans mon dossier cet ordre écrit et signé.

Larbi ben Mohammed, spahis au bureau arabe, 3e témoin, âgé de 25 ans.

M. LE PRÉSIDENT. — Vous étiez employé auprès de M. Trinquand lorsqu'il a pris le commandement du bordj ?

LE TÉMOIN. — Oui, M. le président.

D. — Que s'est-il passé le 13, quand vous avez accompagné le capitaine Trinquant à la smala d'Abd-el-Selem ?

R. — Nous nous sommes égarés dans notre route et nous sommes allés à la smala de Ben-Abdallah ; cet indigène était absent. Nous avons rencontré le nommé Cherif qui était blessé et prisonnier sur parole. Plus tard, nous sommes arrivés à la smala d'Abd-el-Selem; nous avons cherché infructueusement le cadavre d'un colon assassiné ; avant notre départ, un indigène m'a dit ces paroles : « Abdallah est rentré à sa smala et ayant appris de Cherif que, pendant son absence, le capitaine et un spahis étaient venus le chercher, il s'est écrié : comment, un capitaine et un spahis sont venus ici et vous ne les avez pas égorgés ! » C'est à mon arrivée à Sétif seulement que j'ai raconté ce fait à M. le capitaine Trinquand.

D. — Pendant votre séjour au bordj d'Aïn-Tagrout, avez vous surpris quelques communications entre le caïd Ben Illès et les insurgés ?

R. — Non, je n'ai rien remarqué.

D. — Le capitaine Trinquand avait-il des entretiens secrets avec le caïd Ben Illès ?

R. — M. Trinquand était enfermé dans sa chambre et ce n'est pas notre habitude d'espioner nos supérieurs.

L'ACCUSÉ. — Je ferai observer au conseil que les spahis étaient couchés dans une chambre voisine de la mienne et pouvaient entendre toutes mes conversations.

Valette, interprète militaire, âgé de 25 ans, 4e témoin.

M. LE PRÉSIDENT. — Dites-nous ce que vous savez ?

LE TÉMOIN. — J'étais de passage à Aïn-Tagrout et

c'est par hasard que j'ai été témoin de ce qui est arrivé. Nous nous sommes mis en route le 17, de bonne heure, escortés par le goum du caïd Abderrahman ben Guendouz; nous avons fait une halte à Bir-Châaban pour attendre le goum du caïd Mohammed ben Abd el Salem. Un cavalier est arrivé porteur d'une lettre du caïd qui nous annonçait que Si Abd el Salem était allé avec son goum rejoindre la colonne Saussier, et qu'il ne serait de retour que le lendemain. Cette lettre nous informait que le pays n'était pas sûr et que le convoi ne pourrait certainement pas continuer sa route vers Bordj-bou-Arreridj.

LE DÉFENSEUR. — J'ai cette lettre entre les mains et j'en donnerai lecture dans le cours de ma plaidoirie.

M. LE PRÉSIDENT. — Avez-vous remarqué quelque chose de particulier dans l'entrevue qui a eu lieu entre le cavalier porteur de la lettre et le capitaine Trinquand?

R. — Non, le cavalier disait seulement que les contigents ennemis se montraient à l'Est et à l'Ouest et que le convoi ne pourrait pas continuer sa route jusqu'à Bordj-bou-Arreridj.

D. — A votre rentrée à Aïn-Tagrout, le capitaine Trinquand vous a-t-il communiqué ses impressions?

R. — Oui, il m'a dit que la situation était grave ; en effet, le caïd Ben Guendouz qui, naguère, protestait de son dévouement et qui avait dit au capitaine : « Tu es mon père ; je mourrai avec toi, » passa à l'ennemi le soir même.

D. — Les colons étaient-ils disposés à se défendre?

R. — Tous paraissaient très effrayés. Il n'y avait guère à compter sur leur concours.

D. — Vous qui connaissez ce pays, pouvez-vous nous donner quelques renseignements sur l'état du caravansérail?

R. — J'habite depuis 5 ans Bordj-bou-Arreridj; je connais donc parfaitement le pays. Je sais que le caravansérail a été brûlé une première fois. La défense en était difficile ; le côté sud était dominé par des hauteurs qui pouvaient servir l'ennemi; du côté de la rivière se trouvaient plusieurs maisons abandonnées qui pouvaient servir de reranchements à l'ennemi et nous empêcher de nous approvisionner d'eau. Nous n'avions dans l'intérieur du caravansérail qu'un peu d'eau croupie, à peine potable.

D. — M. Trinquant n'aurait-il pas pu faire occuper ces maisons?

R. — Avec 60 hommes il n'était guère possible d'occuper à la fois, et le caravansérail et ces maisons.

D. — Vous avez passé la nuit sans inquiétude?

R. — Oui, tout fut tranquille pendant la nuit.

D. — A quel moment M. Trinquand manifesta-t-il l'intention de se retirer vers Sétif?

R. — Le 17 au soir.

M. LE COMMISSAIRE DE LA RÉPUBLIQUE. — M. Trinquand a-t-il persisté dans sa résolution, dans la matinée du 18?

M. LE PRÉSIDENT. — Nous allons arriver à cette question; dites-nous d'abord ce qui s'est passé dans cette matinée.

R. — Le 18 avril, vers sept heures du matin, des contingents ennemis, forts d'environ quatre cents cavaliers et huit cents fantassins, ont paru dans la plaine à une distance de deux kilomètres du caravansérail.

D. — A-t-on pris les dispositions nécessaires pour repousser l'attaque?

R. — Oui; M. Trinquand déploya en tirailleurs la compagnie du 78e à une centaine de mètres du caravansérail. Cette compagnie était appuyée sur sa droite par le goum du caïd Ben Illès; sur sa gauche, par le peloton de spahis, dont M. Mariage avait pris le commandement.

D. — A-t-on échangé quelques coups de feu avec les insurgés?

R. — Oui; après avoir échangé quelques coups de feu avec le goum du caïd Ben Illès, les ennemis se retirèrent.

D. — A quelle heure le capitaine Trinquand a-t-il donné l'ordre de quitter le caravansérail?

R. — A dix heures. Les préparatifs du départ avaient été faits à l'avance.

D.—Vous avez déjeuné avec le capitaine Trinquand?.

R. — Oui, monsieur le président.

D. — Vous souvenez-vous de l'entretien qui a eu lieu entre M. Trinquant et le capitaine Chichet?

R. — Non, monsieur le président; j'ai oublié les détails de cette conversation.

D. — Qu'avez-vous vu en arrivant à Saint-Rham ?

R. — J'ai vu distinctement de la fumée du côté d'Aïn-Tagrout.

M. LE PRÉSIDENT. — Monsieur Trinquand, vous souvenez-vous de cette circonstance ?

L'ACCUSÉ. — Je ne m'en souviens pas.

M. LE PRÉSIDENT, au témoin. — Quelles ont été vos conjectures en voyant cette fumée ?

R. — J'ai pensé que l'ennemi venait de mettre le feu au caravansérail.

D. — Avez-vous entendu au moulin Saint-Rham la conversation qui a eu lieu entre M. Trinquand et le capitaine Bouchet ?

R. — Oui, monsieur le président. Le capitaine Bouchet dit à M. Trinquand : « Comment, vous avez quitté le bordj d'Aïn-Tagrout ? » Le capitaine Trinquand répondit : « Les goums ont fait défection ; le bordj est hors d'état de résister à une attaque, et j'ai dû me replier. » Le capitaine Boucher répartit : « J'ai rencontré sur ma route des muletiers arabes ; pensant que ces indigènes appartenaient à votre convoi, je les ai ramenés. Voulez-vous que nous revenions à Aïn-Tagrout, pour sauver tout au moins ce qui reste du convoi ? » Le capitaine Trinquand répondit : « C'est inutile ; à l'heure qu'il est, le caravansérail est occupé par les ennemis. Si les colons retournaient seuls à Sétif, ils courraient risque d'être enlevés, et nos hommes sont en état d'ivresse. »

M. LE PRÉSIDENT. — C'est triste ! — Quel était le nombre des mulets que ramenait le capitaine Boucher ?

R. — Il y avait environ 150 mulets. Ce nombre était insuffisant pour transporter le convoi.

M. LE DÉFENSEUR. — Ainsi, l'insistance du capitaine Bouchet n'a pas été bien vive ?

R. — Il n'a pas insisté du tout.

M. LE DÉFENSEUR. — Avant de prendre sa résolution, le capitaine Trinquand n'a-t-il pas demandé l'avis du témoin et celui de M. Mariage, sous-lieutenant des spahis ?

R. — Oui, il a demandé notre avis.

M. LE PRÉSIDENT. — Etes-vous bien certain de ce que vous venez de dire ?

R. — Oui, j'approuve la résolution de M. Trinquand,

et je crois encore que la défense du caravansérail était impossible, même pour la journée du 18, parce que le caïd Ben Illès ne cessait de répéter à M. Trinquand que les contingents ennemis se réunissaient autour du bordj, et que la retraite ne pourrait s'effectuer ni le soir ni le lendemain.

M. Mariage, sous lieutenant au 3e spahis,

5e témoin.

M. LE PRÉSIDENT. — Comment vous trouviez-vous au caravansérail d'Aïn-Tagrout ?

LE TÉMOIN. — J'étais allé chercher à Sétif une somme de soixante mille francs, destinée à la solde de nos hommes. Je jugeai prudent de revenir avec le convoi; c'est donc par hasard que je me trouvais le 18 au caravansérail.

D. — Quelles étaient les dispositions prises par M. Trinquand pour assurer la sécurité du campement?

R. — Le convoi était parqué devant le bordj ; le peloton de hussards campait sur les hauteurs voisines et on avait établi de distance en distance des vedettes et des grand'gardes.

D. — Etait-il possible de faire rentrer tout le convoi dans le bordj ?

R. — Ce convoi était trop considérable pour être renfermé dans le caravansérail.

D. — Que s'est-il passé dans la journée du 17 ?

R. — Vers cinq heures du matin, j'ai vu sur le plateau d'Aïn-Tagrout près de 500 cavaliers, et sur notre gauche un groupe de 8 à 900 fantassins. Les cavaliers au moins étaient armés. Cette démonstration avait un caractère hostile : ils s'excitaient mutuellement au combat et provoquaient nos spahis. M. Trinquand fit sortir la compagnie du 78e, qu'il déploya en tirailleurs. Après être restés en vue pendant quelques instants, les contingents ennemis disparurent. Nous sommes ensuite rentrés au bordj, où on a renouvelé l'approvisionnement d'eau.

D. — A quelle heure avez-vous appris l'ordre de départ ?

R. — A dix heures. Je dois vous dire que les hommes étaient surexcités par la boisson ; j'en ai fait la remarque au capitaine Chichet.

D. — Quand vous étiez au moulin Saint-Rham, le capitaine Bouchet vous a-t-il demandé votre avis sur la possibilité de revenir à Aïn-Tagrout ?

R. — J'ai répondu que le convoi devait être pillé et le bordj incendié, et que nous étions trop peu nombreux pour lutter contre les contingents ennemis.

D. — C'était là votre conviction intime ?

R. — Oui, monsieur le président.

M. LE COMMISSAIRE DE LA RÉPUBLIQUE. — Le 18, au matin, était-il possible de défendre le bordj ?

LE TÉMOIN. — On n'aurait pas pu tenir plus d'une demi-journée.

D. — En cas d'attaque, était-il possible de renouveler l'approvisionnement d'eau ?

R. — C'était difficile. Les insurgés pouvaient facilement s'emparer des maisons et ils seraient restés maîtres des bords de la rivière.

M. LE DÉFENSEUR. — Est-il à la connaissance du témoin que M. Bouchet ait insisté énergiquement pour retourner à Aïn-Tagrout ?

LE TÉMOIN. — Je l'ignore.

M. LE DÉFENSEUR. — Monsieur le président, dix heures viennent de sonner ; les débats ont été longs et fatigants ; ne croyez-vous pas qu'il serait convenable de renvoyer l'audience à deux heures de l'après-midi. La déposition du capitaine Bouchet sera très-longue, et je me propose d'adresser à ce témoin de nombreuses questions ?

M. LE PRÉSIDENT. — Le conseil est d'avis de prolonger la séance jusqu'à dix heures et demie. — Qu'on introduise le témoin suivant.

M. Jacques (Charles), maréchal des-logis du train, 6e témoin.

M. LE PRÉSIDENT. — Quel était le nombre des mulets de réquisition composant le convoi que vous étiez chargé de conduire à Aïn-Tagrout, le 16 avril dernier ?

LE TÉMOIN. — 600 ou 650.

D. — Quel était le chargement de vos prolonges ?

R. — Les quatre prolonges étaient parties de Sétif, portant plusieurs quintaux de fourrages et 50 couvertures pour les malades que je devais aller prendre à Bordj-bou-Arréridj. J'ai continué ma route vers Bordj-bou-Arréridj, mais comme le pays était occupé par les insurgés, j'ai dû retourner au caravansérail avec le convoi. Le 17, on a vu 600 cavaliers entourer le caravansérail d'Aïn-Tagrout ; ils étaient à une distance de mille mètres environ du bordj. L'attaque a duré une heure. Le lendemain, on est parti. Les prolonges n'étaient pas pleines.

D. — Pourquoi n'avez-vous pas rempli vos prolonges avec des caisses de biscuits ?

R. — Je n'en avais pas reçu l'ordre.

D. — Quelle était la quantité approximative de biscuits que vous aurier pu emporter ?

R. — J'aurais ou en emporter 25 ou 30 quintaux.

D. — Arrivé au moulin Saint-Rham, avez-vous entendu la conversation qui a été tenue par M. le capitaine Trinquant et M. le capitaine Bouchet ?

R. — Non, M. le Président, j'étais trop éloigné de ces messieurs.

D. — Quel était l'état de vos hommes ?

R. — Mes hommes avaient bu, mais ils étaient encore en état de conduire les prolonges.

M. LE COMMISSAIRE DU GOUVERNEMENT. — Comment avaient été distriéués le vin et le rhum ?

LE TÉMOIN. — Les *mercantis* du caravansérail ont dit : Plutôt que laisser perdre ces liquides, il vaut mieux les boire. Je suis arrivé à temps pour renverser à coups de pied les gamelles pleines de vin que mes hommes s'apprêtaient à boire.

M. LE PRÉSIDENT. — En agissant ainsi, vous avez accompli votre devoir.

Jean-Hubert-Charles Bouchet, capitaine au 3e zouaves, 44 ans, 7e témoin.

M. LE PRÉSIDENT. — Faites connaitre au conseil les faits qui sont à votre connaissance ?

LE MÉMOIN. — J'avais reçu la mission d'aller accompagner un convoi et de porter des munitions à Aïn-Tagrout, je devais ensuite ramener à Sétif le convoi du capitaine Trinquand qui n'avait pas pu continuer sa route sur Bordj-bou-Arrérjdj.

D. — Ainsi, uous aviez ordre de revenir le lendemain à Sétif ?

R. — Oui, M. le Président; mais j'aurais transgressé cet ordre si j'avais été attaqué par l'ennemi.

D. — Continuez votre déposition.

R. — Je suis parti de Sétif à 6 heures et quart du matin ; sur ma route, nous avons rencontré des groupes d'arabes immobiles, sur les côteaux voisins ; ma vue un peu faible ne me permettait pas de les apercevoir, mais mes hommes les distinguaient parfaitement et me les indiquaient. Je n'ai, du reste, été nullement inquiété par eux.

D. — Quelle direction suivaient-ils ?

R. — Un ou deux groupes venant d'Aïn-Tagrout, paraissaient se diriger sur Sétif ; j'ai immédiatement signalé la présence de ces contingents au commandant de place de Sétif, et j'ai continué ma route.

D. — Quelles sont les mesures de précaution que vous avez prises dans votre marche ?

R. — Je me suis arrêté au 18e kilomètre, sur un point élevé ; j'ai placé des vedettes ; en un mot, j'ai pris les précautions habituelles. Pendant cette halte, je reçus de Sétif, par l'intermédiaire d'un cavalier, l'ordre de rallier les muletiers, qu'une panique avait fait fuir d'Aïn-Tagrout. J'ai rencontré ces muletiers et je suis parvenu à en ramener près de 300 ; j'aurai donc pu transporter un grand tiers du convoi.

J'ai continué ma route et je suis arrivé au moulin Saint-Rham. Là j'ai été stupéfait de trouver au fond d'un ravin une troupe que je croyais ne devoir rencontrer qu'à Aïn-Tagrout. Je commandai la halte et je descendis seul dans le ravin, me dirigeant vers le capitaine Trinquand. Je lui proposai, à diverses reprises, de retourner à Aïn-Tagrout, pour sauver au moins une partie du convoi. Il ne crut pas devoir se rendre à mes instances ; comme j'avais l'ordre écrit de me mettre à la disposition du capitaine Trinquand, plus ancien que moi, je dus nécessairement obéir, et je revins à Sétif tout chagrin. (*Sensation prolongée.*) Le capitaine Chichet me dit qu'on aurait pu m'attendre, puisqu'on savait à une demi-heure près le moment de mon arrivée. — Je reconnus la justesse de cette observation, et j'ajoutai que les contingents ennemis n'avaient pas eu le temps de piller le convoi... (Se tournant vers l'accusé.) J'ai omis de dire qu'à un moment de la discussion, et sur mon insistance à vouloir revenir à Aïn-Tagrout, M. Trinquand me dit : « J'ai des ordres ! »

MM. Mariage, Valette et quelques autres personnes répondirent à ma proposition que le caravansérail d'Aïn-Tagrout n'était pas susceptible de résister à une attaque sérieuse, que les forces dont disposait le capitaine Trinquand étaient presque nulles et qu'ils approuvaient la résolution prise par cet officier.

Je suis resté seul de mon avis.

M. LE PRÉSIDENT. — Ces messieurs n'ont pas pu vous dire que M. Trinquand avait bien fait d'abandonner le convoi.

LE TÉMOIN. — Ces messieurs m'ont dit que M. Trinquand avait bien fait d'abandonner le convoi.

M. LE PRÉSIDENT. — Vous voulez dire que ces messieurs ont jugé la situation telle qu'il était urgent de quitter le caravansérail ?

LE TÉMOIN (*en souriant*). — Mon Dieu ! c'est une question de mots.

D. — Ainsi, vous étiez décidé à continuer votre route jusqu'à Aïn-Tagrout ?

R. — Oui, monsieur le président. A la place du capitaine Trinquand, je n'aurais consulté ni M. Valette, ni M. Mariage ; M. Trinquand n'aurait du prendre avis que de lui-même. Si je n'avais pas été sous ses ordres, je ne serais pas retourné à Sétif.

L'ACCUSÉ. — M. Bouchet a demandé l'avis de MM. Valette et Mariage.

LE TÉMOIN. — Non. J'ai dit au capitaine Trinquand qu'il n'existait pas de danger, et j'ai offert de me mettre à l'arrière-garde comme le poste le plus périlleux. (Se tournant vers l'accusé) Vous souvenez-vous de cela?

L'ACCUSÉ. — Non ; vous m'avez seulement demandé dans quel ordre devait marcher la colonne qui retournait à Sétif.

M. LE PRÉSIDENT. — M. Mariage, veuillez vous approcher..... Savez-vous si le capitaine Bouchet a insisté pour retourner à Aïn-Tagrout?

M. MARIAGE.— Je ne m'en souviens pas ; je sais seulement qu'il a demandé dans quel ordre devait marcher la colonne pour retourner à Sétif.

LE CAPITAINE BOUCHET. — J'ai insisté à deux reprises différentes, et M. Mariage a si bien entendu mes propositions de retourner à Aïn-Tagrout que, quelques jours après, il m'a offert de me donner un témoignage écrit constatant ces propositions. J'ai demandé par deux fois de revenir à Aïn-Tagrout; le maréchal des logis a dû entendre mes observations, car il était derrière moi.

M. LE PRÉSIDENT.— Le maréchal des logis a déclaré que sa discrétion l'avait empêché d'écouter votre conversation.

M. LE DÉFENSEUR.— Quelles étaient la physionomie et l'attitude de ces messieurs pendant leur discussion.

M. MARIAGE. — Je n'ai remarqué dans leur attitude aucune particularité.

M. LE PRÉSIDENT.— M. Valette, veuillez vous approcher du Conseil; vous souvenez-vous des détails de cet entretien?

M. VALETTE. — J'ai assisté à l'entretien de ces messieurs et, en ma présence, le capitaine Bouchet n'a pas insisté.

M. LE PRÉSIDENT.— M. Boucher, vous avez entendu la réponse du témoin?

M. BOUCHET. — Je ne puis répéter que ce que j'ai déjà dit; devant un ordre semblable, mon devoir était de protester.

M. LE DÉFENSEUR. — Dans la matinée du 18, n'avez vous pas rencontré sur votre route des colons qui vous ont dit que le caravansérail était entouré par de nombreux contingents ennemis?

R. — Attaqué, mais non pas entouré. Un Juif, entr'autres, me l'affirma. Cette nouvelle ne m'émut pas et j'étais décidé à marcher sur Aïn-Tagrout, quand bien même les ennemis eussent été au nombre de dix mille.....

(Rires et murmures approbatifs dans toute la salle.)

M. LE PRÉSIDENT. — Je préviens le public que toutes les manifestations sont interdites ; si pareil fait se renouvelle je ferai immédiatement évacuer la salle.

(S'adressant au témoin.) — Quel était l'état des hommes de la compagnie Chichet?

LE TÉMOIN. — Ces hommes étaient ivres; les soldats montaient sur les voitures.

D. — Comment pouviez vous songer à retourner à

Aïn-Tagrout, puisque ces hommes étainet en état d'ivresse ?

R. — Ce n'est qu'après ma conversation avec le capitaine Trinquand que j'ai constaté l'état des hommes de M. Chichet.

L'audience est levée à 10 heures 1/2 et renvoyée à une heure ne l'après-midi.

2e Séance : une heure de l'après-midi.

—

RÉQUISITOIRE

de M. le Commissaire de la République.

—

Messieurs,

Pour plus de facilité et que votre mémoire soit fidèle, nous allons examiner rapidement la situation, et exposer succinctement les faits qui amènent devant le Conseil de guerre, M. le capitaine Trinquand.

Le poste d'Aïn-Tagrout avait été choisi par M. le colonel Bonvalet, comme point central, non-seulement de correspondance, mais surtout de ravitaillement pour la colonne, entre Sétif et Bordj-bou-Arréridj.

M. Trinquand devait en outre surveiller les goums.

Cet officier vint prendre possession de son commandement le 31 mars et une compagnie du 78e lui fut confiée pour garder le bordj.

Les faits recueillis par l'instruction vous ont fait connaître la position occupée par les goums, dans les environs d'Aïn-Tagrout.

Le 13 avril, deux convois ayant été pillés à Aïn-Trab, le capitaine Trinquand vint le surlendemain, 15, accompagné d'un spahis, pour prendre des renseignements, et ce fut pendant cette première excursion, qu'il remarqua parmi les goums, des symptômes de défection.

Le 16 au soir, arrivait un convoi d'approvisionnement pour la colonne Bonvalet, composé de 600 mulets et d'une valeur approximative de vingt mille francs, escorté par un peloton de vingt-cinq hussards, commandés par M. le lieutenant Dutertre.

MM. Mariage, lieutenant de spahis et l'interprète Valette, se rendant à leur poste, en faisaient partie.

Le capitaine Trinquand prit ses dispositions pour faire arriver le convoi à sa destination.

Le rapport nous a appris comment il n'a pu y parvenir. Ne croyant pas devoir se fier aux assurances du fils du caïd Ben-Guendouz, de Bir Chaâban, le capitaine rétrograda sur Aïn-Tagrout, où il arriva dans la matinée. Le convoi fut déchargé sous les murs du bordj.

M. le capitaine Trinquand prévint de ce contretemps l'autorité militaire de Sétif, et tâcha, mais en vain, d'en informer M. le colonel Bonvalet, par deux cavaliers. Ces spahis furent forcés de rétrograder.

Nous sommes au 17, dans l'après-midi, c'est-à-dire la veille du jour où l'évacuation du bordj a eu lieu.

C'est alors qu'arriva de la colonne Bonvalet le caïd ben-Illès, qui annonça au capitaine Trinquand la défection des caïds Ahmed-ben-Abdallah, des Ayad, et Ahmed ben Mohammed ben Abdallah, des Ouled-Taïr.

Peu de temps après, on apprit que les caïds Mohamed ben Abdel Salem et Mohamed Sghir faisaient abattre leurs tentes et se repliaient sur Raz-el-Oued.

Ces défections une fois connues, les ouvriers et tous les européens qui se trouvaient dans les environs du bordj, craignant une attaque, vinrent s'y refugier, et par cela même, augmentèrent le nombre de ses défenseurs.

Le caïd Illès, avec soixante cavaliers, seul restait fidèle.

Examinons maintenant les forces qui se trouvaient dans le bordj. Nous voyons tout d'abord qu'aucune brêche n'existait dans les murs du caravansérail ; bien que les créneaux fussent un peu larges, il n'en était pas moins défendable contre des indigènes, n'ayant pour toute arme que de vieux fusils.

La compagnie du capitaine Chichet était forte de soixante hommes. A ces soixante soldats, ajoutons au moins vingt hommes, soit du train, soit des spahis, nous aurons un personnel de quatre-vingts hommes armés, munis chacun d'une soixantaine de cartouches.

C'était-là, Messieurs, on en conviendra, outre les soixante cavaliers du caïd Illès, une force suffisante, pour se défendre dans une retraite si restreinte.

Monsieur Trinquand avait à sa disposition le télégraphe, dont il s'est servi jusqu'au dernier moment, et qui le maintenait en communication avec l'autorité militaire de Sétif.

Il télégraphia le 17 au soir, pour obtenir une escorte, afin de renvoyer le convoi à Sétif.

M. le commandant de la subdivision répondit :

« Demain, mardi, je ferai partir de Sétif, à 5 heures » du matin une compagnie de zouaves et 25 hussards, » pour aller chercher le convoi, à Aïn-Tagrout, qui » rentreront à Sétif le même jour ou le lendemain au » plus tard. Je ne puis vous donner l'ordre d'abandon- » ner le poste ; c'est à vous de juger de la position. »

Arrivons maintenant au 18, jour de l'évacuation.

Vers six heures du matin environ, 400 cavaliers parurent à deux kilomètres du Bordj.

La compagnie du 78e se déploya en tirailleurs, les cavaliers du caïd Illès appuyèrent la droite, les spahis la gauche, et après avoir échangé quelques coups de fusil, l'ennemi s'éloigna précipitamment.

A son approche, les muletiers indigènes qui avaient accompagné le convoi prirent la fuite, sans qu'il fut possible de les retenir.

Après cette sortie, M. le capitaine Trinquant envoya à Sétif la dépêche suivante :

« 18.—6 h. 30 m. du matin.—Un groupe de 400 ca- » valiers environ arrive autour du bordj pour attaquer » le convoi. Les muletiers ont eu une panique et se » sont repliés sur Sétif, abandonnant le convoi. Le » coup de feu est commencé : il ne me reste plus que » les 60 fantassins, une quinzaine de spahis et le petit » goum du caïd Illès. »

Il lui fut répondu :

« 18.—7 h. 40 m. du matin.— Tenez ferme, la com-

» pagnie de zouaves et 25 hussards vous portant des » cartouches, sont partis ce matin à 6 heures un quart. » Le maire réunit le goum pour le faire partir le plus » tôt possible, avec quatre spahis. Si vous croyez que » vous ne puissiez pas continuer à occuper votre poste, » rentrez à Sétif ; mais je ne puis vous donner l'ordre » de l'abandonner. C'est à vous à juger de la po- » sition. »

Malgré les termes pressants de cette dernière dépêche, malgré la retraite précipitée de l'ennemi, le capitaine Trinquand prit la funeste résolution d'abandonner, non-seulement le bordj, mais encore les approvisionnements qui devaient tomber entre les mains de l'ennemi, lui être d'un secours si puissant et certes si inespéré.

A huit heures du matin, M. Trinquand ordonne à M. Chichet, de se tenir prêt à partir à 10 heures.

Quant au convoi, nul ne pensa à en sauver la moindre partie.

Voici donc, Messieurs, le bordj d'Aïn-Tagrout, cette position confiée à M. le capitaine Trinquand, abandonné.

Voici le convoi de vivres destiné à la colonne Bonvalet, laissé à la disposition de l'ennemi, qui n'a plus qu'à s'en emparer sans coup férir.

La garnison d'Aïn-Tagrout arrive vers midi à la grand'halte, au moulin de Saint-Rham, sans avoir été inquiétée par les insurgés.

Une heure après, paraît le secours annoncé de Sétif à M. le capitaine Trinquand, la compagnie de zouaves, forte de 70 hommes, commandée par le capitaine Bouchet, plus un peloton de 25 hussards.

Grande fut la surprise du capitaine Bouchet à la vue de la petite colonne d'Aïn-Tagrout.

Le convoi était-il pillé à cette heure ?

Nous l'ignorons ; il nous est permis d'en douter, car l'ennemi ne pouvait s'attendre à un tel abandon.

Malgré les instances de M. Bouchet, le capitaine Trinquand insiste dans sa résolution. Il se replie sur Sétif, et le lendemain, le bordj était incendié, les provisions destinées à nos braves soldats tombaient au pouvoir de nos ennemis, et ceux de nos contingents restés fidèles nous tournaient le dos, à la vue d'une pareille défection.

Messieurs, nous avons la conviction qu'avec les cent hommes qu'il avait à sa disposition, le capitaine Trinquand pouvait défendre le bordj : à plus forte raison, le pouvait-il, avec le renfort qu'il savait être à quelques lieues de lui.

Il est peu de combats, peu d'affaires où une compagnie, une petite troupe, ne soit momentanément apppelée à escorter un convoi.

L'officier ou le sous-officier qui livre ce convoi sans le défendre, manque à la patrie, à l'honneur. Quel était le devoir du capitaine Trinquand, auquel le convoi était confié ?

Le voici : dans une situation difficile, à l'exemple du maréchal Ney, d'héroïque mémoire, il faut une résolution extraordinaire, surhumaine ; plus la résistance sera opiniâtre, plus on aura de chances de vaincre. Toute autre solution perdrait l'esprit militaire français, altérerait les bonnes traditions de l'armée, et nous exposerait aux grands désastres que notre patrie vient d'éprouver.

M. le capitaine Trinquand a-t-il fait tout ce que prescrivent le devoir et l'honneur? A-t-il eu l'énergie, l'initiative, la hardiesse nécessaires pour défendre le poste d'Aïn-Tagrout et le convoi qui lui étaient confiés ?

M. le capitaine Trinquand, qui le matin, avec cent hommes, avait mis en fuite 400 indigènes, a-t-il essayé une de ces mesures rapides, décisives, qui auraient sauvegardé le convoi et que lui conseillaient le brave capitaine Bouchet, MM. Chichet, Mariage et Dutertre?

Ouvrons le service en campagne, ce petit chef-d'œuvre, ce code du soldat ; il nous répondra :

« Lorsqu'après une défense *opiniâtre* et la perte de » la *majeure partie* de sa troupe, le commandant d'un » convoi se trouve trop faible pour résister plus long- » temps et qu'il ne peut espérer aucun secours, il fait » mettre le feu au convoi, puis il tente par une action » vigoureuse, de se frayer une issue : il coupe les » jambes des chevaux et des mulets, plutôt que de les » abandonner à l'ennemi. »

Le capitaine Trinquand a-t-il commis cet acte dans une pensée de trahison, par une connivence coupable?

Tel n'est pas notre sentiment, Messieurs ; les antécédents du capitaine, ses bons services, les notes de ses chefs nous en sont un sûr garant.

Ceci admis, nous invoquons vos lumières, nous faisons appel à la sagesse et à l'équité dont vous ne vous êtes jamais départis, et nous vous prions de décider si le prévenu s'est mis sous le coup de l'article 205 du code de justice militaire.

Messieurs les juges, en réprimant toute atteinte à l'honneur, au devoir, vous affirmerez le principe que vous consacrez tous les jours, le maintien de la discipline; et l'armée régénérée sera digne de notre noble France.

PLAIDOIRIE DE Me GILLOTTE.

—

MESSIEURS,

Jamais je n'ai autant apprécié la position que le sort m'a réservé. Notre profession, parfois si ingrate, si critiquée, et pourtant si belle, a ses heures de découragement ; mais aussi elle a ses jours de lumière et de bonheur.

Parler sans haine et sans crainte, dire la vérité, toute la vérité et rien que la vérité, rétablir le courant de l'opinion publique un instant égarée, défendre un honnête et loyal officier, voilà la tâche douce et facile qui m'est aujourd'hui dévolue.

M. le capitaine Trinquand est accusé d'avoir livré à l'ennemi les approvisionnements de l'armée, crime abominable, prévu et réprimé par les dispositions de l'article 205 du code de justice militaire.

Un crime pareil n'a pas de degrés ; si le capitaine Trinquand vous semble coupable, montrez-vous implacable ; dans le cas contraire, proclamez bien haut l'innocence dont je me fais ici le champion.

Cette cause ne comporte pas de grands mouvements

d'éloquence. Permettez-moi de vous soumettre les faits avec autant de simplicité que d'exactitude.

Le 27 mars dernier, M. le capitaine Trinquand était mis à la disposition de M. le colonel Bonvalet, commandant la subdivision de Sétif.

Le 30, le colonel adressait au chef du bureau arabe une lettre par laquelle il déclarait que son intention était d'utiliser les services de M. Trinquand de la manière suivante : Cet officier se rendrait dans le plus bref délai à Aïn-Tagrout, pour exercer une surveillance active sur les postes établis le long de la route ; il devait assurer les correspondances, surveiller les approvisionnements, organiser les convois, réunir au besoin des mulets, fournir enfin tous les renseignements qu'il pourrait recueillir.

M. Trinquand, prévenu, partit le même jour, accompagné de deux spahis.

En route, il rencontra le 78e régiment de marche et deux escadrons de cavalerie, qui avaient reçu l'ordre d'aller attendre au bordj d'Aïn-Tagrout le général Saussier, qui devait arriver le lendemain, allant prendre le commandement du corps expéditionnaire de la Kabylie orientale.

Si vous le voulez bien, messieurs, nous laisserons M. Trinquand s'installer, et, en attendant l'arrivée du général Saussier, nous visiterons ensemble le pays qui a été le théâtre des événements que je vais avoir l'honneur de vous exposer.

La distance qui sépare Sétif de Bordj-bou-Arréridj est de 65 kilomètres.

A 33 kilomètres, c'est-à-dire exactement à moitié chemin, se trouve le caravansérail d'Aïn-Tagrout.

Deux postes avaient été établis entre Sétif et Aïn-Tagrout :

Le poste de Guebar-Attia (moulin Saint-Rham), composé des cavaliers des Rerazla, commandés par Ahmed ben El Khelloufi.

Le poste d'El-Djouar, confié à la garde d'Abderrahman ben Guendouz, caïd d'Aïn-Turc.

Au sud d'Aïn-Tagrout, se trouvaient quelques tentes des Ouled-Sidi-bou-Nab.

D'Aïn-Tagrout à Bordj, il y avait également deux postes :

Le premier, composé de Cedratas, commandés par

Ahmed ben Khaled, cheik, et campé dans la vallée de l'Oued-Cheir ;

Le second, sous les ordres du caïd Mohamed ben Abd Es Selem, et de Mohamed Serir ben Cheik, des Ouled-Abdallah, était installé à un kilomètre environ d'Aïn-Trab, à onze kilomètres de Bordj-bou-Arréridj.

Il est à remarquer que tout le pays situé entre Aïn-Tagrout et Bordj était en état d'insurrection. Les caïds et les cavaliers postés à l'Oued-Cheir et à Aïn-Trab étaient étrangers à la localité.

Au début de l'insurrection, le caravansérail d'Aïn-Tagrout avait été pillé et en partie brûlé.

Bâti sur un escarpement de rochers s'étendant de l'Est à l'Ouest, qui domine la route de dix mètres environ, le bâtiment affecte la forme d'un carré de quarante mètres de façade, flanqué à chaque angle de bastions percés de huit créneaux chacun, deux sur chaque face.

La porte d'entrée, sise au Nord, ouvre sur un plateau découvert, qui sert de lieu de campement.

La façade Sud est composée des pièces habitables, ayant jour et accès sur la cour.

A l'Ouest, se trouvaient un cellier et des écuries couvertes en tuiles.

Sur les faces Nord et Est étaient des écuries couvertes en diss, aujourd'hui en ruines.

A l'extérieur, au pied des rochers, entre le parement et la route existaient une maison inachevée et une petite construction appartenant au sieur Luc. Une baraque, appartenant au service des ponts et chaussées, se trouvait à l'Ouest.

Entre cette baraque et le caravansérail, au pied du rocher, coule une fontaine, à laquelle on arrive par une rampe très-forte et par une coupure dans l'escarpement.

L'ensemble du pays présente une plaine légèrement ondulée, et la vue ne s'étend à une certaine distance que du côté Ouest.

En rentrant au caravansérail, constatons, messieurs, que les murs parallèles ne sont pas percés de meurtrières, et que l'aspect général des constructions ne présente rien de rassurant.

Dans la matinée du 31 mars, M. Trinquand reçut une lettre dans laquelle M. le colonel Bonvalet définissait exactement ses attributions, qui consistaient exclusivement à surveiller la route et à assurer les correspondances.

Il est à remarquer que dans cette lettre, que je fais passer sous vos yeux, il n'est plus question de créer un centre d'approvisionnements.

M. le colonel Bonvalet prescrivait à M. Trinquand de demander au général Saussier, une garde de 50 hommes.

Le général arriva ; le capitaine Trinquand lui communiqua la lettre du colonel commandant la subdivision, et le pria de lui laisser la petite compagnie, qui devait rester à Aïn-Tagrout.

Le général Saussier parut fort étonné des dispositions prises par le colonel Bonvalet. Pour lui, le caravansérail ne pouvait être défendu ; ce n'était point un poste militaire, et la vie des hommes qu'il devait laisser au caravansérail lui semblait inutilement compromise.

Néanmoins, ne pouvant résister aux ordres du commandant territorial, le général Saussier désigna 60 hommes, qui, sous le commandement du capitaine Chichet, devaient former la garnison d'Aïn-Tagrout.

Le lendemain, 1er avril, commandée par le général Saussier, la petite colonne se mettait en mouvement. M. le capitaine Trinquand profita de ce départ pour visiter les postes compris entre Aïn-Tagrout et Bordj-bou-Arréridj.

Le soir, il rentrait à Aïn-Tagrout et prenait toutes les dispositions que lui commandait la prudence.

Du 1er au 7 avril, rien de particulier ne se produisit.

Dix rapports furent adressés par le capitaine Trinquand soit au colonel Bonvalet, soit au commandant par intérim la subdivision de Sétif.

Pendant les quelques jours qui s'étaient écoulés, le capitaine Trinquand avait remarqué qu'au poste d'El-Djouar, assez éloigné de la route, le caïd Abderrahman ben Guendouz ne pouvait rendre que très peu de services. Il avait sollicité et reçu l'autorisation de déplacer cet agent et il l'installait au Nord d'Aïn-Tagrout, à 1,800 mètres du bordj qui se trouvait ainsi protégé au Sud par les quelques tentes des Ouled-Sidi-bou-Nab, et au Nord par Abderrahman ben Guendouz et ses cavaliers.

Le 10, M. Trinquand adressait au commandant de la subdivision un rapport dans lequel il faisait valoir la nécessité d'opérer certains travaux aux créneaux du bordj, nécessité reconnue par le général Saussier et un officier du génie; il offrait de se charger, avec les manœuvres que lui offrait la compagnie du 78e, de l'exécution, sous la condition qu'on lui enverrait les matériaux indispensables.

Ce rapport resta sans réponse.

Le 11 avril, le capitaine Trinquand donna l'ordre au caïd Abderrahman ben Guendouz d'accompagner un convoi à Bordj-bou-Arreridj.

Dans le courant de la soirée, des Arabes insurgés, profitant de l'absence du caïd, fondirent sur les tentes de Ben Guendouz avec l'intention bien arrêtée de piller le douar et de razzer les troupeaux.

A la première alerte, le capitaine Trinquand donna l'ordre à un peloton de hussards qui campait avec un détachement du train, à peu de distance du caravansérail, de rentrer dans le bordj. Il déploya en tirailleurs un certain nombre de soldats du 78e, et se porta de sa personne, avec des spahis, vers le douar attaqué.

Surpris de cette défense inattendue, les ennemis, après avoir tiré quelques coups de fusil, se retirèrent sans songer à attaquer le caravansérail.

En rendant compte de ces faits au commandant intérimaire de la subdivision, le capitaine Trinquand demandait l'envoi d'une 2e compagnie d'infanterie ; il faisait valoir cette considération qu'à l'aide de deux compagnies, il pourrait assurer la régularité des escortes tout en conservant, pour les éventualités, les caïds dont les bonnes dispositions et la fidélité lui inspiraient quelques craintes.

Aucune réponse ne lui fut adressée.

Le 11 avril, même jour, le caïd Mohamed ben Abd es Selem et Mohamed Serir ben Scheik, préposés à la garde du poste d'Aïn-Trab, enlevèrent leurs tentes et partirent avec leurs cavaliers pour la Medjana, où se trouvait la colonne expéditionnaire, de telle sorte que tout le pays compris entre Bordj-bou-Arreridj et l'Oued-Cheir, fut abandonné par ceux qui avaient reçu l'ordre de le garder.

Le 13, vers midi, deux convois, le premier, composé

de trois charettes à cinq colliers, conduit par cinq Européens se dirigeant sur Aïn-Tagrout, le second, composé de dix mulets conduits par des indigènes, sous les ordres d'un Européen, se dirigeant sur Bordj, venaient de se croiser près d'Aïn-Trab, lorsque tout à coup des bandes armées se précipitèrent simultanément sur les hommes qui conduisaient ces convois et les massacrèrent.

Prévenu, le capitaine Trinquand s'empressa d'inforformer le commandant de Sétif : il adressa au colonel Bonvalet un rapport qu'il confia à des cavaliers de Ben Guendouz, mais quatre heures après leur départ ces hommes rentrèrent à Aïn-Tagrout en déclarant qu'il leur avait été impossible de traverser l'oued Cheir l'ennemi occupant toutes les positions.

Pendant la journée du 14, M. Trinquand s'occupa de recueillir tous les renseignements utiles ; il expédia des hommes marchant isolément à la recherche de ceux des Européens dont les cadavres n'avaient pas été retrouvés sur le lieu du crime.

Le 14 au soir, le caïd Mohamed ben Abd es Sellem, revint avec son goum, mais au lieu de reprendre son ancienne position, il alla s'installer au Kheneg-Sidi-M'barek, en contre-bas de la route et au Sud ; Illès, caïd des Ouled-Nabet, l'avait précédé à ce campement avec une cinquantaine de cavaliers.

Dès le 15 au matin, désireux de se livrer lui-même à des recherches actives, le capitaine Trinquand monta à cheval et partit avec un seul spahis, le nommé Larbi ben Mohamed.

Les deux cavaliers se dirigèrent d'abord vers la tente du caïd Illès ; ce chef était absent ; pendant que le capitaine Trinquand demandait quelques renseignements, un vieillard s'approcha du spahis Larbi et lui dit : Hâtez-vous de partir. — Si vous restez, on vous tuera tous deux.

Le spahis garda le silence et ne renseigna le capitaine qu'à sa rentrée au bordj. Il l'engagea néanmoins à se rendre le plus tôt possible à la smala du caïd Mohamed ben Abd es Sellem.

Celui-ci accueillit avec un certain embarras le capitaine Trinquand. Il commanda une escorte armée et tous partirent pour visiter le théâtre du crime.

Après avoir visité et fouillé tous les ravins d'Aïn-

Trab, la petite troupe revint à son campement. En prenant, pour rejoindre la route, un chemin de traverse, le capitaine Trinquand aperçut des Cedratas qui avaient abattu leurs tentes et qui s'installaient à Aïn-Sellam-Alaïkoum.

Vainement il leur demanda la cause de cette résolution, vainement il les engagea à reprendre leur ancienne position, il ne put rien obtenir d'eux et il rentra sans accident à Ain-Tagrout.

Le lendemain 16, le capitaine Trinquant fut prévenu qu'un convoi important était parti de Sétif et il prit ses dispositions pour assurer le trajet d'Aïn-Tagrout à Bordj.

Il écrivit à Mohamed ben Abd el Sellem de se trouver avec des forces suffisantes, le 17, à Bir-Chaban où le caïd Abderrahman ben Guendouz lui confierait le soin de la conduite jusqu'au lieu de destination.

Le 17, à sept heures du matin, le convoi était prêt à partir d'Aïn-Tagrout ; pour s'assurer de l'exécution de ses ordres, le capitaine Trinquand monta à cheval et prit le commandement de l'escorte. M. Valette, interprète militaire, M. Mariage, officier-payeur des spahis, porteur d'une somme importante destinée à la colonne, l'accompagnaient.

Le convoi était suivi par quatre prolonges chargées de couvertures et de paille. — Un maréchal-des-logis du train devait aller chercher les blesssés à Bordj-bou-Arreridj.

L'escorte était composée des cavaliers de Ben Guendouz à la tête desquels se trouvait le fils de celui-ci.

Arrivé à Bir-Chaban, lieu du rendez-vous fixé au caïd Mohamed ben Abd el Sellem, le capitaine constata l'absence complète de ceux qui devaient s'y trouver.

Craignant une surprise, il fit masser le convoi et se porta en avant.

Un muletier, venant de Bordj, lui apprit la défection du caïd Mohamed ben Abd el Sellem, des Ouled-Abdallah et des Cedratas.

Presque au même instant, arrivait un cavalier porteur d'une lettre. Cette lettre était adressée au capitaine par Abdallah, le frère du caïd Mohamed.

Cet homme excusait son frère qui ne pouvait se trouver au rendez-vous, déclarant qu'il y avait danger à continuer le voyage et engageant à attendre jusqu'au lendemain.

M. Trinquand flaira une trahison; il n'avait informé personne de son intention d'accompagner le convoi jusqu'à Bir-Chaban, et il s'étonna que la lettre lui eut été adressée à cet endroit.

Il donna alors l'ordre de rétrograder, et avant midi le convoi était installé aux portes du caravansérail, sur l'emplacement à ce destiné.

Toutes les précautions furent prises pour en assurer la garde.

Vers trois heures de l'après-midi on aperçoit un groupe de cavaliers arabes se dirigeant sur Aïn-Tagrout.

Tous les colons, les ouvriers de la route, croyant à une attaque, viennent se réfugier dans le caravansésail, amenant avec eux tout ce qui leur appartenait.

Le goum de Ben Guendouz se met à abattre ses tentes et à préparer son départ.

La panique était générale.

Le capitaine Trinquand envoie un spahis en reconnaissance et lui-même monte à cheval, prêt à toute éventualité.

Le spahis revient bientôt accompagné du caïd Illès qui explique au capitaine que Mohamed ben Abd el Sellem, les Ouled-Abdallah et les Cedrata avaient fait défection. Il n'avait pas voulu suivre leurs conseils et leur exemple, et il venait, tout en se mettant sous sa protection, lui offrir son concours dévoué.

De suite, le capitaine Trinquand se rend à la tente du caïd Abderrahman ben Guendouz et lui demande compte du mouvement qui venait de se produire parmi ses gens.

Ce caïd reconnait que ses cavaliers, se méprenant sur les intentions des goums qui approchaient, avaient été pris de terreur et qu'ils s'étaient décidés à lâcher pied.

« Ne craignez plus rien, dit-il, la présence du caïd » Illès les rassure et, en cas d'attaque, nous combat- » trons et nous mourrons avec vous. » Deux heures après, cet homme perfide donnait à son goum le signal du départ et on comptait une défection de plus !

Le capitaine Trinquand comprit alors que la position n'était plus tenable..... Son mandat, qui consistait à exercer une surveillance sur les postes, avait pris fin par suite de la défection de tous les caïds. Sa mission n'était pas de défendre Aïn-Tagrout..... une défense qui aurait compromis, sans utilité, une compagnie, les colons, les ouvriers, les cantiniers, était une faute selon lui.

Il prévint alors le commandant de la subdivision de Sétif que la position n'était plus tenable, qu'il partirait le lendemain, 18, avec le convoi.

Afin que vous puissiez apprécier la situation, laissez moi vous lire les dépêches échangées entre Aïn-Tagrout et Sétif dans la journée du 17.

» Aïn-Tagrout, 10 h. 5' matin.

» *Capitaine chef de poste, à subdivision, Sétif.*

» Arrivé à 10 kilomètres d'Aïn-Tagrout avec le convoi que j'accompagnais, j'ai reçu avis que le goum de Ben Abd el Selem qui devait escorter avait été à la colonne et que les Ouled-Krellouf, Ayad et Mahdid devaient intercepter la route. Je l'ai fait rétrograder sur Aïn-Tagrout. J'informe le colonel.

» TRINQUAND. »

» Aïn-Tagrout, 17 h. 50' soir.

» *Capitaine chef de poste, à Subdivision, Sétif.*

» Vivres de la compagnie assurés jusqu'aujourd'hui seulement. Prière envoyer approvisionnements au plus vite. Route encore sûre jusqu'à Aïn-Tagrout.

» Signé : TRINQUAND. »

» Aïn-Tagrout, 1 h. 5' soir.

» *Capitaine chef de poste, à subdivision, Sétif.*

» Des défections me sont annoncées sur mes derrières. Le convoi est ici. Tout est à craindre.

» Signé : TRINQUAND. »

» Aïn-Tagrout, 2 h. 23' soir.

» *Capitaine chef de poste, à subdivision, Sétif.*

» Nombreux goums paraissent autour du bordj. Danger paraît imminent.

» Signé : TRINQUAND. »

» Aïn-Tagrout, 3 h. 10' soir.

» *Capitaine chef de poste, à subdivision, Sétif.*

Ben Abd el Sellem est revenu de colonne ce matin Il a été chez les Ouled-ben-Abdallah dès son arrivée à la smala. Après une courte conférence ceux-ci ont levé leurs tentes et ont été rejoindre les révoltés. Immédiatement après, les caïds Mohamed ben Abd el Sellem et Mohamed Sghir ben Cheik Saad ont donné l'ordre de partir. Ils ont été coucher ce soir à Ras-el-Oued. Le caïd des Ouled-Nabet n'a pas voulu les accompagner et est venu à Aïn-Tagrout. Ce départ précipité et sans ordre peut faire supposer des idées de défection chez les Ben-Abd-el-Selem.

» Signé : TRINQUAND. »

» Aïn-Tagrout, 4 h. 50' soir.

» *Capitaine chef de poste. à subdivision, Sétif.*

» Fausse alerte par l'apparition des cavaliers et d'un convoi des Ouled-Sidi-bou-Nab, sur Aïn-Tagrout. Voici qu'elle est ma situation actuelle : les Beni-Abdallah, caïds Ahmed ben Abdallah et Ahmed ben Mohamed ou Abdallah ont fait défection ce matin. Craignant que leur parent Cherif Si Abderrahman, fait prisonnier et laissé chez eux ne soit envoyé à Sétif, ils ont rejoints les goums des Ayads et Mahdids venus à Guemmour. Une partie des Cedratas est partie avec eux.

» Le caïd Mohamed ben Abd el Sellem s'est replié sur les Rirha d'après l'invitation, parait-il, de M. le colonel Bonvalet. Le caïd des Ouled-Nabet est venu s'installer avec sa smala sous les murs du bordj d'Aïn-Tagrout.

» La route d'Aïn-Tagrout à Bordj-bou-Arréridj est coupée. Deux spahis que j'avais envoyés porter l'annonce de ces faits ont dû faire demi-tour en présence de nombreux goums rôdant à Sidi-M'barek.

L'oued Cheir a été occupé égalememt par les insurgés venus jusqu'à Bir-ben-Chaban. Je n'ai plus de communication possible avec la colonne.

» Il serait urgent de faire évacuer sur Sétif le convoi venu hier, les approvisionnements ne pouvant être rentrés tous au caravansérail ainsi que les prolonges du train. Euvoyez, si vous le pouvez, pendant la nuit, un peloton de hussards pour l'escorter, ou bien qu'il le trouve en route. Envoyez-moi des ordres.

» Je n'ai près de moi que la smala du caïd Ben Guendouz avec 35 cavaliers, celle du caïd des Ouled-Nabet avec 60 cavaliers ; dans le bordj, 60 fantassins qui ont 90 cartouches chacun. Je vous prie de m'envoyer des munitions pour chassepot et des cartouches, ancien modèle,pour mes goums.

Dans le cas où je pourrais informer le colonel Bonvalet je le ferai. Inutile de lui télégraphier.

» Signé : TRINQUAND. »

» Sétif, 8 h. 45' soir.

» *Subdivision à chef de poste, Aïn-Tagrout.*

» Je n'ai ici que 25 cavaliers qui rentrent de Tagrout et que je ne puis vous envoyer. Faites rétrograder le convoi et les quatre prolonges sous l'escorte des cavaliers du goum sur lequel vous pouvez compter. Gardez les vivres du convoi qui vous sont nécessaires pour quelque temps. Faites provision d'eau en cas de blocus momentané. Promettez récompense aux cavaliers que vous enverrez à la colonne pour prévenir de ce qui se passe. Ma faible garnison ne me permet pas de protéger les environs de Setif (1). Vendredi prochain, 500 hommes partiront de Constantine et seront suivis de près par la colonne de Tébessa.

» Signé : LANNEBIT. »

» Aïn-Tagrout, 9 h. 40' soir.

» *Capitaine chef de poste, à subdivision, Sétif.*

» Le caïd Ben Guendouz a levé son camp, près du caravansérail, ce soir ; il fait évidemment défection. Je n'ai plus que quelques cavaliers qui pourront au plus protéger les derrières du convoi qui partira dès le point du jour. Envoyez le goum civil de Sétif au devant si c'est possible. Je ne pourrai tenir au plus qu'un jour au caravansérail, si je ne suis pas ravitaillé en munitions. Je n'ai pas encore trouvé de courriers pour aller à la colonne, malgré toute récompense.

» Signé : TRINQUAND. »

(1) On était au lundi, 17.

» Aïn-Tagrout, 9 h. 50' soir.

» *Capitaine chef de poste, à subdivision, Sétif.*

» Je ne suis plus sûr du goum qui me reste. Sans le caïd Ben Illès, ses cavaliers montaient à cheval et abondonnaient la position. J'ai juste assez de cartouches pour soutenir la retraite. Mieux vaut abandonner momentanément ce poste qui n'a plus aucune utilité, puisqu'il est coupé en avant et en arrière, que de risquer de faire enlever inutilement une compagnie.

» Signé : TRINQUAND. »

» Sétif, 11 h. 40' soir.

» *Subdivision à chef de poste, Aïn Tagrout.*

» Demain, mardi, je ferai partir de Sétif, à 6 heures du matin, la compagnie de zouaves et 25 hussards pour aller chercher le convoi à Aïn-Tagrout qui rentreront à Sétif le même jour où le lendemain au plus tard.

» Je ne puis vous donner l'ordre d'abandonner le poste.

» C'est à vous à juger de la position.

» Signé : LANNEBIT. »

Cette dernière dépêche fixait les incertitudes du capitaine Trinquand ; il prit ses dispositions pour assurer le départ du convoi et la retraite de sa petite troupe.

Le lendemain, au point du jour, il remarqua que le cheik des Ouled-Sidi-bou-Nab était parti avec ses gens.

Vers six heures, l'ennemi paraissait.

Illès, envoyé en reconnaissance, revint en annonçant l'approche de 4 à 500 cavaliers et d'une centaine de fantassins du bach-agha.

A cette nouvelle, quelques-uns de ses compagnons, peu soucieux sans doute de se mesurer avec l'ennemi, qui paraissait en force, firent mine de fuir.

Aussitôt, les muletiers du convoi, éperdus de frayeur, coupèrent les sangles qui retenaient les bâts de leurs mulets, abandonnèrent leurs chargements et s'enfuirent à leur tour.

Aussitôt, le capitaine Trinquand donna l'ordre aux pahis de se mettre à leur poursuite, et bientôt cernés, ils furent ramenés à leur point de départ; les mulets furent mis à la corde.

Pendant ce temps, l'ennemi avançait; il n'était plus qu'à mille oc douze cents mètres du caravansérail.

La compagnie forma une ligne de tirailleurs, les spahis à l'aile gauche, Illès et son goum à l'aile droite.

Profitant du moment où le capitaine donnait toute son attention à ces mesures de défense, les muletiers débarrassèrent leurs mulets des liens qui les entravaient et s'éloignèrent à toute vitesse.

Il était désormais impossible de se mettre à leur poursuite.

Déjà le troupeau du convoi, qui n'était plus gardé, s'était dispersé dans toutes les directions.

L'ennemi fait quelques charges inoffensives, et notre petite troupe l'attend de pied ferme, obéissant à l'ordre de ne tirer qu'à bonne portée et de ménager ses munitions.

On aperçoit au loin une troupe considérable de fantassins !...

Une heure et demie s'écoule. Après avoir délibéré, l'ennemi se replie, sans doute pour revenir peu après.

M. Trinquand profite de ce répit. Il fait transporter dans le caravansérail un certain nombre de caisses du convoi, mais il s'aperçoit bien vite que la cour, encombrée par les prolonges, par les voitures et le matériel des colons, ne pourra contenir qu'une faible partie du convoi.

En cas de blocus, Illès et son goum ne pourront trouver asile dans le bordj, et resteront fatalement exposés au feu de l'ennemi.

La résistance ne peut être que de courte durée, tout espoir de ramener le convoi est perdu, puisque les mulets sont partis.

La troupe attendue ne doit pas séjourner à Aïn-Tagrout; la route peut être coupée. Le capitaine Trinquand prend la résolution de partir. A 6 h. 30', il prévient la subdivision de ce qui se passe, et à 7 h. 40', il reçoit une dépêche ainsi conçue :

« Tenez ferme. La compagnie de zouaves et vingt-
« cinq hussards, vous portant des cartouches, sont
« partis ce matin, à six heures un quart. Le maire
« fait réunir le goum, pour le faire partir le plus tôt
« possible, avec quatre spahis. Si vous croyez que vous

« ne puissiez pas continuer à occuper votre poste, ren-
« trez à Sétif, mais je ne puis vous donner l'ordre de
« l'abandonner. C'est à vous à juger la position. »

M. Trinquand donne l'ordre du départ, et la petite colonne, composée de la compagnie du 78e, du goum d'Illès, de dix spahis, des prolonges et des colons, au nombre desquels se trouvaient une femme et des enfants, arrive sans encombre au moulin Saint-Rham.

Là on rencontre les vingt-cinq hussards et la compagnie de zouaves, commandés par M. le capitaine Bouchet, qui propose de retourner à Aïn-Tagrout ; en venant de Sétif, il a pu réunir un certain nombre de mulets, et peut-être pourra-t-on sauver une partie du convoi.

M. le capitaine Trinquand, après avoir pris l'avis de MM. Chichet, Valette et Mariage, juge cette tentative aussi inutile qu'imprudente ; l'ordre de marche est donné, et, sans être inquiétée, la troupe rentre à Sétif, y ramenant les colons qu'elle avait pris charge de protéger.

Tels sont les faits.

Trompés par la rumeur publique, les organesde la publicité ont produit contre M. Trinquand les accusations les plus vives.

Je ne me plains pas de la sévérité des appréciations et je n'ai pas le droit d'en blâmer les auteurs.

Ce n'est pas contre M. Trinquand pris isolément que procédait l'opinion publique.

Elle remontait au système déplorable que, d'un commun accord, les gens désintéressés et honnêtes blâment énergiquement.

Il y a plus d'un an, dans une affaire qui a eu un grand retentissement, moins par son importance que par le concours qu'un orateur célèbre prêtait à l'un des accusés, je disais :

« Du flot qui monte lentement, on mesure bien la
« force ; la force qui se manifeste est irrésistible, elle
« renversera tous les obstacles qu'une politique trop
« habile place entre nous et une colonisation sé-
« rieuse. »

Je faisais allusion à cette administration, qui, déjà en 1856, à l'époque de la guerre de Crimée, fomentait ici, faisait naître et laissait grandir l'insurrection !

Je faisais allusion à cette administration, qui, depuis

lors, chaque fois qu'il devait être question, dans nos Assemblées législatives, de l'Algérie française, fournissait au baron Jérôme David et au général Allard le moyen de prouver que le pays n'était ni sûr ni tranquille, et, par suite, qu'il n'était pas encore apte à recevoir les bienfaits d'une administration régulière.

S'il s'agissait de défendre les bureaux arabes, je ne serai pas à cette barre ; publiquement, je revendique l'exercice du droit de les combattre et de formuler, si mince qu'en soit l'importance, mon impartial jugement.

Ni de près, ni de loin, la conduite de M. le capitaine Trinquand ne se rattache au système fatal ; j'espère le démontrer.

Mon droit, et surtout mon devoir, est de dégager sa personnalité et de vous la présenter sous son véritable jour.

Je n'ai point à vous entretenir de la vie militaire de M. le capitaine Trinquand ; ses états de service sont au dossier, vous les lirez ; laissez-moi seulement vous donner connaissance de la lettre adressé par le général Saussier au général commandant la division de Constantine, la voici :

« Mon général,

» J'ai reçu aujourd'hui communication de votre té-
» légramme par lequel vous me prescrivez d'envoyer
» à Constantine, dans le plus bref délai, M. le capitaine
» Trinquand pour être traduit devant le 1er couseil de
» guerre.

» Je sais que l'opinion publique est contre cet offi-
» cier ; je sais même qu'il a des torts dans cette mal-
» heureuse affaire, mais je ne puis oublier qu'en arri-
» vant au poste d'Aïn-Tagrout pour aller prendre le
» commandement de la colonne de Bordj, j'ai mani-
» festé moi-même le plus grand étonnement de voir
» un offieier abandonné à lui même dans une sembla-
» ble position, dans une maison en partie détruite
» avec une section de 50 hommes.

» Ne commandant pas le territoire et forcé de res-
» pecter les susceptibilités du commandement, je ne
» pouvais en arrivant défaire ce qu'avait fait le colonel
» Bonvalet, mais je le désaprouvais complètement et
» je le lui dis. Il est évident que ce poste n'aurait pas

» tenu longtemps derrière des murailles délabrées et
» sans une goutte d'eau.

» Je crois donc, mon général, devoir plaider la cause » de M. Trinquand qui s'est toujours conduit bravement, depuis, à ma colonne, et n'a cessé de me rendre de véritables services.

» Je m'élève surtout contre l'accusation de manque » de courage qui a été portée contre lui et je crois » plutôt que, laissé à Aïn-Tagrout sans instructions » précises, sans but déterminé, M. le capitaine Trinquand a pensé ne pas dépasser les bornes de ce que » son commandement lui permettaient de faire en évacuant un poste qu'on ne lui avait pas ordonné de » défendre.

» J'ai été le premier à souffrir de cette évacuation » intempestive, puisque mes opérations dans la Medjana ont été entravées, mais il faut bien reconnaître » aussi que les circonstances étaient tellement difficiles, qu'un officier sans expérience de la guerre, isolé » au milieu de l'insurrection la plus grande qu'on ait » encore vu, ait pu se trouver devoyé un instant et » se soit rendu ainsi coupable d'un acte répréhensible.

» En terminant donc, mon général, en vous demandant votre bienveillance pour le capitaine Trinquand » infiniment moins coupable qu'on ne le dit. »

Ainsi, d'après le général Saussier, M. Trinquand ne serait pas coupable du crime dont on l'accuse ; à peine aurait il commis une faute.

Il n'a commis ni faute ni crime, j'espère vous le démontrer, et ma tâche u'a rien qui puisse m'effrayer.

Le crime n'existe pas ; cela ressort clairement des faits exposés ; M. le commissaire du gouvernement le reconnaît en terminant son réquisitoire.

Lisons ensemcle l'article 205 du code de justice militaire :

« Est puni de mort, avec dégradation militaire, tout » militaire :

» 1° Qui livre à l'ennemi ou dans l'intérêt de l'ennemi soit la troupe qu'il commande, soit la place qui » lui sst confiée, soit les appprovisionnements de l'armée, soit les plans des places de guerre ou des arsenaux maritimes, des ports ou rades, soit le mot

» d'orde, ou le service d'une opéraiion, d'une expédi-
» tion ou d'une négociation;
» 2° Qui entretient des intelligences avec l'ennemi,
» dans le but de favoriser ses entreprises ;
» 3° Qui participe à des complots dans le but de
» forcer le commandant d'une place assiégée à se ren-
» dre ou à capituler;
» 4° qui provoque à la fuite ou empêche le rallie-
» ment en présence de l'ennemi. »

Cet article, vous le remarquerez, Messieurs, est au titre II chapitre Ier du Code de justice militaire, sous la rubrique : trahison, espionnage et embauchage.

Il résume dans la généralité de ses dispositions les diverses hypothèses prévues par les lois de 1793 et de Brumaire an V, en les mettant en harmonie avec les modifications apportées dans les caractères légaux de ces crimes par les articles 76 à 82 du code pénal ordinaire pour les actes que la loi militaire a voulu s'approprier.

Il ressort clairement des termes de l'article 205 que cet article n'est applicable qu'à celui qui, par un accord entre lui et l'ennemi, livre ce qu'il était chargé de garder.

Le concours de deux volontés se réunissant dans une convention, voilà le crime prévu et réprimé.

Je n'insiste pas, messieurs, l'énonciation qui précède suffira pour faire reconnaître que dans l'espèce les éléments constitutifs du crime n'existant pas, le capitaine Trinquand ne saurait être déclaré coupable....

Mais a-t-il commis une faute qui, sans retomber sous l'application de la la loi, serait de nature a porter atteinte à son honneur militaire ?

Je ne le crois pas.

Que lui reprocherait-on ?

D'avoir quitté Aïn-Tagrout?

De n'avoir pas suivi le conseil du capitaine Bouchet qui l'engageait à retourner sur ses pas pour tenter de sauver tout ou partie du convoi ?

Procédons par ordre :

Le capitaine Trinquand a-t-il eu tort de qnitter Aïn-Tagrout?

Sans hésiter, je réponds non !

Reportez-vous, Messieurs, à la lettre du service.

Jamais le caravansérail d'Aïn-Tagrout pillé, incendié dévasté dès le commencement de l'insurrection, n'avait eté considéré comme une place à défendre.

C'était un poste de surveillance et le général Saussier s'étonnait, avec raison, qu'on eut songé à y établir une garnison de 50 hommes, trop faible ou trop forte!

A partir du moment où le dernier des caïds placés sur la route, pour surveiller les convois et assurer la correspondance, faisait défection, le capitaine Trïnquand n'avait pas seulement le droit, il était de son devoir strict, de quitter cette position qui, sans utilité pour la colonne, compromettait l'existence d'une compagnie.

M. le commissaire de la République a dit qu'aussitôt après la panique du 17, les ouvriers et tous les Européens qui se trouvaient dans les environs d'Aïn-Tagrout, craignant une attaque, étaient venusse réfugier dans le bordj et par cela même avaient augmenté le nombre de ses défenseurs.

Que l'honorable magistrat militaire me permette d'exprimer une opinion contraire à la sienne.

Loin d'augmenter la force de résistanse, la présence des colons et et des ouvriers causait de sérieux embarras, en doublant la responsabilité du capitaine Trinquand.

Ces colons, ces ouvriers n'étaient pas armés ; leur matériel, leur mobilier, encombraient la cour du caravansérail à ce point, qu'en cas de siége ou de blocus, il était impossible de faire entrer dans l'enceinte le goum du caïd Illès qui, sans défense contre un ennemi en forces supérieures, aurait été massacré.

Chaque homme n'avait que 60 cartouches et la rapidité du tir des chassepot limitait à un temps extrêmement court la durée de la défense.

Si le convoi, protégé par la petite troupe et par les colons, était arrivé sans encombre à Sétif, personne n'aurait élevé la voix pour critiquer le capitaine Trinquand, il aurait reçu les félicitations de ses chefs et ceux qui sont toujours si prompts à blâmer les actes de nos officiers, auraient gardé le silence pour n'avoir point à applaudir sa conduite.

Admettons une autre hypothèse.

Si conformément à la dépêche à lui transmise par la

subdivision, le 17, à 8 h. 45' du soir, le capitaine Trinquand avait fait rétrograder le convoi et les quatre prolonges sous l'escorte des cavaliers du goum resté fidèle l'attaque se serait forcément produite et on n'aurait pas hésité à l'accuser d'avoir exposé légèrement les approvisionnements de l'armée.

Le projet formé le 17 de rentrer à Sétif et d'accompagner le convoi est au-dessus de toute critique.

Les dépêches échangées justifient la résolution approuvée par le commandant de la subdivision, qui, dans son dernier télégramme de ce jour dit : Je ne puis vous donner l'ordre d'abandonner le poste. C'est à vous à juger de la position. »

Ce télégramme annonçait en outre que le lendemain une compagnie de zouaves et 25 hussards partiraient pour aller chercher le convoi ; ces troupes devaient rentrer à Sétif *le même jour ou le lendemain au plus tard*

Ce n'était donc pas un renfort qu'on envoyait à la petite garnison, c'était une escorte qui devait protéger la retraite.

Or, le capitaine Trinquant qui n'avait plus de poste à surveiller, qui n'avait pas de position militaire à défendre, qui n'avait plus de convoi à garder, pouvait il songer à se maintenir à Aïn-Tagrout ?

A peine de commettre une faute lourde qu'on n'aurait pas manqué d'attribuer au désir de briller, à l'ambition personnelle, le capitaine Trinquand devait sauver sa petite troupe, en faisant une retraite aussi opportune qu'honorable.

Nous voici au 18 au matin ; le projet de départ s'affermit, car, pendant la nuit, Abderrahman ben Guendouz, cet homme qui, la veille, jurait de mourir avec nous, était parti ; les Ouled-Sidi-bou-Nab avaient abattu leurs tentes et avaient disparu.

Tout à coup l'ennemi se montre ; les muletiers effrayés s'enfuient de toutes parts.

Que fait le capitaine Trinquant? Il lance à leur poursuite tous ses spahis..... Ramenés, les muletiers reçoivent l'ordre d'attacher leurs mulets, leurs bêtes de somme.

Si M. Trinquand avait eu l'intention d'abandonner le convoi et de fuir lâchement, l'occasion était belle et il pouvait rejeter la faute sur l'effroi qu'avaient éprouvé les convoyeurs.

Rassuré, il prend ses dispositions de défense ; pendant qu'il est occupé à l'accomplissement de son devoir, les muletiers coupent les entraves et se sauvent de toute la vitesse de leurs montures, et cette fois pour ne plus revenir, car à moins de tourner le dos à l'ennemi, les spahis qui étaient à l'aile gauche de la ligne de tirailleurs ne pouvaient être lancés à leur poursuite....

A ce moment la plus grande partie du convoi, celle qui a le plus de valeur est perdue et tous les efforts seraient inutiles, en effet le troupeau de bœufs se divise et, affolés, les animaux disparaissent.

A 6 h. 30', le capitaine Trinquand fait connaître à Sétif ce qui vient de se passer ; il annonce la fuite des muletiers et l'impossibilité de sauver le convoi.

« Si vous croyez que vous ne puissiez pas continuer « à occuper votre poste, rentrez à Sétif, » lui répond le commandant de la subdivision !

A quoi pouvait servir l'arrivée des zouaves et des hussards, qui avaient pour mission exclusive d'escorter le convoi et qui devaient rentrer le même jour ou le lendemain au plus tard ?

N'ayant plus de moyens de transport, cette troupe, qui ne pouvait, qui ne devait pas concourir à la défense, faisait une course inutile et perdait un temps précieux. D'autre part, elle pouvait être attaquée avant d'avoir opéré sa jonction avec la garnison d'Aïn-Tagrout, et dans ce cas, divisés, nos soldats auraient trouvé une mort sans gloire et sans profit pour le pays.

Dans cette fatale matinée, une grande faute a été commise, non par le capitaine Trinquand, mais par le commandant de la subdivision de Sétif. Rien n'est plus facile à établir.

C'est à 6 h. 30' qu'une dépêche apportait à Sétif la nouvelle de la fuite des muletiers, et constatait l'impossibilité de sauver le convoi.

A 7 h. 40' Sétif répondait.

Le télégraphe a fonctionné jusqu'à dix heures et demie, c'est-à-dire jusqu'au signal du départ.

Or, avant le départ d'Ain-Tagrout, le commandant de la subdivision savait que le capitaine Bouchet avait arrêté en route et conduisait avec lui de 180 à 200 mulets.

En effet, arrivé au 16e kilomètre en partant de Sétif,

M. Bouchet avait fait une halte. Déchirant un feuillet de son calepin, il avait expédié un spahis en toute hâte au commandant de la subdivision, avec la lettre que voici :

« Du 16e kilomètre.

« Mon commandant,

« Tous les colons se sauvent; tous sans exception « me préviennent qu'Aïn-Tagrout est assiégé par au « moins 1,000 cavaliers et 1,000 fantassins.

« Je ramène avec moi tous les Arabes du convoi que « je trouve ; ils prétendent que les Arabes ennemis ont « pillé tous les vivres.

« Hier soir, la garnison de Tagrout a fait de l'eau ; « d'autres colons m'assurent que les Arabes ennemis « marchent sur Sétif.

« Je continue. Que dois-je faire ? Je n'ai pas plus de « cent Arabes du convoi ; les autres ont pris à travers « champs.

« J'attends la réponse.

« *Le capitaine de zouaves*,

« Signé : BOUCHET. »

« *P.-S.* — Me renvoyer un autre spahis, parce que « celui-ci ne peut revenir assez promptement. »

Cette lettre, qui témoigne d'un trouble très-naturel, prouve péremptoirement qu'avant que le capitaine Trinquand eut quitté Aïn-Tagrout, le commandant de la subdivision savait que le capitaine Bouchet avait rallié des muletiers et des bêtes de somme, et qu'il les conduisait au caravansérail.

Si le commandant de la subdivision, qui avait le télégraphe à sa disposition, avait prévenu M. Trinquand, ce dernier aurait attendu ; une partie du convoi aurait été sauvée, et le capitaine que je défends n'aurait point été accusé.

J'arrive, messieurs, an second grief articulé contre M. Trinquand.

Malgré la vive insistance de M. Bouchet, il aurait continué sa route sur Sétif, refusant de retourner sur ses pas pour tenter le sauvetage d'une partie du convoi !

A dix heures et demie, le capitaine Trinquand avait donné le signal du départ ; il avait fait placer au centre du convoi les ouvriers, les colons, la femme et les enfants ; tout prêt à les défendre en cas d'attaque, il était prêt aussi à sacrifier sa vie pour eux.

A midi et demi, on arrive au moulin Saint-Rham, et on s'y arrête, pendant qu'en doublant les attelages les prolonges et les charrettes montent la côte rapide qui conduit à Sétif.

La troupe commandée par le capitaine Bouchet se présente.

D'après sa déposition, le capitaine Bouchet aurait exprimé l'étonnement que lui causait la vue du capitaine Trinquand et de son détachement ; il aurait vivement insisté pour retourner en arrière, et pour tenter une démonstration qui aurait permis de reprendre une partie du convoi.

Je ne doute ni du courage ni de la sincérité de cet officier, je me plais au contraire à rendre hommage à une bravoure depuis longtemps appréciée et hors de toute contestation.

Mais que M. Boucher me permette de lui faire remarquer que, d'après les dépositions entendues à cette audience, notamment celles de MM. Mariage et Valette, son insistance aurait eu un caractère moins accentué que celui qu'il lui attribue.

Un conseil fut tenu ; l'opinion de chaque officier fut invoquée, et M. Bouchet restant seul de son avis, l'ordre de marche sur Sétif fut déterminé et fixé... L'arrière-garde fut confiée à M. le capitaine Bouchet.

Les raisons qui avaient engagé MM. Trinquand, Chichet, Valette et Mariage à ne point suivre le conseil de M. Bouchet étaient nombreuses et toutes plus sérieuses les unes que les autres.

Nous allons les passer en revue.

Le retour était inutile, car sans aucun doute le caravansérail était occupé et les caisses de biscuit étaient au pouvoir de l'ennemi.

M. le commissaire de la République a dit qu'il ignorait si, au moment où les troupes eussent pu arriver à Aïn-Tagrout, le convoi eût été pillé. Il a ajouté qu'il était permis d'en douter, car l'ennemi ne pouvait s'attendre à un tel abandon!

J'avoue que, sans avoir une certitude absolue, je ne doute guère.

Le bordj avait été abandonné à dix heures et demie;

c'était vers quatre heures seulement que le retour pouvait s'effectuer.

Au moment du départ, l'ennemi, commandé par le bach-agha, était retranché derrière le marabout de Sidi-bou-Nab, à trois kilomètres au plus du caravansérail. Pouvait-on admettre qu'il était resté inactif et qu'il avait quitté la place en laissant intactes les caisses à biscuit ?

M. Bouchet lui-même avait appris, par des muletiers montés (voir sa lettre), que le bordj était incendié, que les vivres étaient pillés.

La nouvelle avait été apportée au capitaine Trinquand par un cavalier retardataire du goum de Ben Illès ; enfin, M. Valette, ainsi qu'il vous l'a déclaré, avait aperçu des flammes et de la fumée qui no permettaient pas le doute.

En partant vers une heure et demie du moulin Saint-Rham, la colonne ne devait pas arriver avant quatre heures du soir, c'est-à-dire quelques heures avant la nuit, et d'assiégée qu'elle devait être, la troupe devenait assiégeante...

Figurez-vous, messieurs, cent cinquante hommes en plaine, venant attaquer deux mille ennemis, retranchés dans le caravansérail, dans les maisons de Luc et des ponts et chaussées !

Le convoi (en admettant son existence) était défendu par tous les retranchements qui, le matin, en raison de l'insuffisance du personnel, étaient plus nuisibles qu'utiles à la défense.

Entourés, enveloppés pendant la nuit, nos braves soldats étaient voués, par esprit de fanfaronnade et de chauvinisme, à une mort certaine !

Les soldats du 78e, qui le matin avaient quitté Aïn-Tagrout, se trouvaient, en arrivant à Saint-Rham, dans un état d'ébriété si complet qu'il y avait un immense danger à les engager dans la lutte.

A ce propos, messieurs, on a semblé faire un grief à M. le capitaine Trinquand de son défaut de surveillance.

En son nom, je proteste contre une accusation incidente, aussi injuste que toutes celles qu'on a dirigées contre lui.

Le capitaine Trinquand ne commandait pas la troupe, qui était sous les ordres et la surveillance du capitaine Chichet.

Au moment du départ, tous les vivandiers, les débitants, qui dans l'espoir du lucre avaient suivi le convoi, avec leurs liqueurs frelatées, voyant l'impossibilité de sauver ce qui leur appartenait, avaient, en cachette et pour se faire bien venir des soldats, rempli leurs peaux de bouc.

Au moment du départ, chacun était à son poste, et rien n'attestait l'état qui plus tard a été signalé.

Une longue étape parcourue de dix heures et demie a midi, le soleil et quelques caresses aux peaux de bouc avaient causé cette ivresse dont M. Trinquand déplorait les effets.

Veritable bouc émissaire, il est chargé par l'accusation des iniquités du peuple !...

La responsabilité du fait ne lui appartient pas, elle remonte plus haut.

Lorsque Metellus arriva en Afrique, il trouva dans l'armée que lui remettait le proconsul Albinus, des soldats non exercés, non aguerris, redoutant la fatigue et le péril, très-hardis en propos, fort peu dans l'action ; faisant leur proie des alliés, et devenus eux-mêmes la proie de l'ennemi ; ne connaissant ni commandement ni subordination.

...Dans l'armée, on ne connaissait plus les usages militaires ; on ne montait point de gardes ; s'absentait du drapeau qui voulait ; les vivandiers, confondus pêle-mêle avec les soldats, couraient la nuit comme le jour...

Metellus, dans sa conduite avec ses soldats, ne montra pas moins de génie et d'habileté que dans ses opérations contre l'ennemi, tant il sut garder un sage milieu entre les lâches condescendances et l'excessive rigueur. Il commença d'abord par ôter à la mollesse son aliment : il défendit, par une ordonnance, de vendre dans le camp du pain ou d'autres aliments cuits ; aux vivandiers de suivre l'armée ; aux soldats, de n'avoir, dans les camps et dans les marches, ni esclaves ni bêtes de somme.....

Pardonnez-moi cette digression, je n'ai pu résister au plaisir de vous donner une page de Salluste, ici même où il l'a écrite il y a dix-neuf siècles.

Je continue l'examen des raisons qui ont déterminé le conseil des officiers à rentrer à Sétif.

En adoptant le projet de M. Bouchet, qui exprimait

le désir d'aller jusqu'à Ain-Tagrout, il fallait faire rétrograder MM. Valette et Mariage,. officiers sans troupe, voyageant isolément, les prolonges, les charrettes et les colons. Nous l'avons vu, par la lettre de M. Bouchet, adressée au commandant Lannebit, la route n'était pas sûre, et il eut été de la dernière imprudence de laisser partir ce groupe sans en confier la garde et la protection à une escorte.

M. Mariage était porteur de 60,000 francs destinés à la colonne. Cette somme représentait quatre fois la valeur de ce qu'on pouvait avoir l'espoir de sauver.

Les ouvriers, les colons, la femme, les enfants éttaient là, tremblants, effarés !

Qu'eussiez-vous fait, messieurs ?

S'inspirant de sa conscience, des raisons que je viens d'indiquer, le capitaine Trinquand a pensé qu'il était de son devoir de rentrer à Sétif.

Il a mis au-dessus de son intérêt personnel, au-dessus de la valeur de quelques caisses de biscuit, la vie et la sécurité de ceux que la Providence avait confiés à sa garde !

A-t-il ou non fait son devoir ?

A vous de décider !

Maintenant, que les passions se taisent ; l'heure de la justice va sonner !

Vous êtes bons juges, messieurs, dites à tous que le capitaine Trinquand n'est pas coupable.

M. LE COMMISSAIRE DE LA RÉPUBLIQUE :

Nous aussi, Messieurs, nous sommes captivé par la parole brillante et persuasive de M. le défenseur. Mais, selon nous, M. le défenseur n'a point attaqué l'objectif, la question capitale. Notre devoir est de la circonscrire et de nous en tenir à l'ordre de mise en jugement de M. le général de division.

Messieurs, nous nous adressons à des juges militaires, compétents et pénétrés d'une conviction sincère.

M. le capitaine Trinquand, à qui un convoi était confié, a-t-il fait ce que lui dictaient le devoir et l'honneur ?

Nous en appelons à votre conscience et nous nous associerons de tout point à votre jugement.

Le Conseil, après délibération, prononce, par six voix contre une, l'acquittement du capitaine Trinquand.

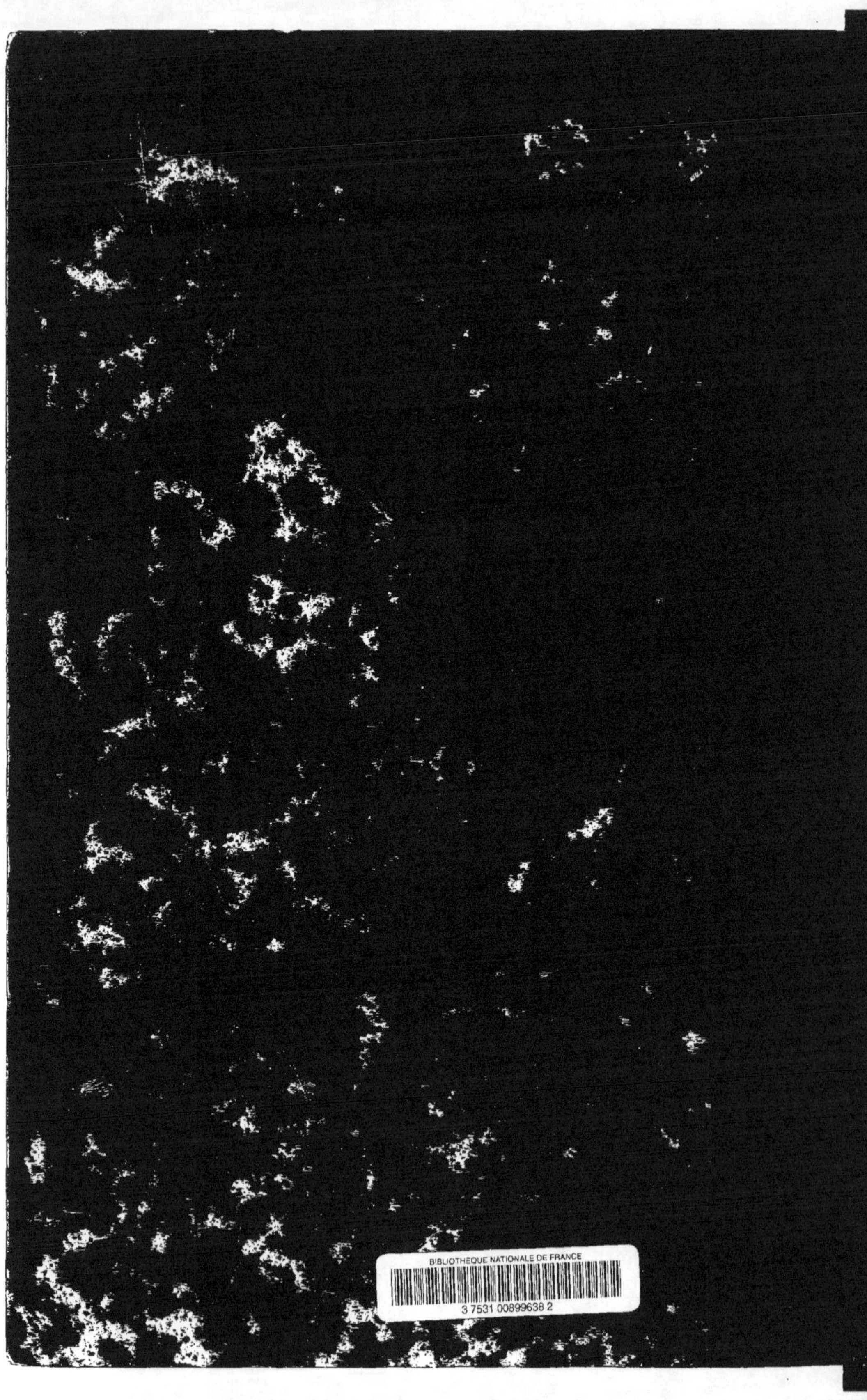
BIBLIOTHEQUE NATIONALE DE FRANCE
3 7531 00899638 2

www.ingramcontent.com/pod-product-compliance
Lightning Source LLC
LaVergne TN
LVHW020451230826
846091LV00004B/1646

9782013615204